A Metafísica do
COMBATE

© Copyright 2008.
Ícone Editora Ltda.

Capa
Luciano Imoto

Diagramação
Luciano Imoto / Meliane Moraes

Revisão
Rosa Maria Cury Cardoso

Proibida a reprodução total ou parcial desta obra, de qualquer forma ou meio eletrônico, mecânico, inclusive através de processos xerográficos, sem permissão expressa do editor (Lei n° 9.610/98).

Todos os direitos reservados pela
ÍCONE EDITORA LTDA.
Rua Anhanguera, 56 – Barra Funda
CEP 01135-000 – São Paulo – SP
Tel./Fax.: (11) 3392-7771
www.iconeeditora.com.br
e-mail: iconevendas@iconeeditora.com.br

Dados Internacionais de Catalogação na Publicação (CIP)
(Câmara Brasileira do Livro, SP, Brasil)

Imoto, Luciano
 A metafísica do combate : aikido de combate / Luciano Imoto. — São Paulo : Ícone, 2008.

 Bibliografia
 ISBN 978-85-274-0999-5

 1. Aikidô 2. Aikidô - Treinamento I. Título.

08-05872   CDD-796.8154

Índices para catálogo sistemático:
1. Aikidô : Esportes 796.8154

A Metafísica do
COMBATE

Prof. Luciano Imoto
Presidente e Instrutor-chefe do Dojo AHCAM

MORIHEI UESHIBA (1883-1969), o fundador do AIKIDO.

ADVERTÊNCIA

As manobras de defesa pessoal descritas neste livro destinam-se apenas a informar o leitor, constituindo um guia de estudos acadêmicos para o praticante.

O Autor e a ÍCONE EDITORA não se responsabilizam, em que esfera do Direito for, por quaisquer ferimentos, danos, prejuízos ou usos indevidos das técnicas, idéias e conceitos abordados nesta obra.

PARA A SUA SEGURANÇA, SÓ PRATIQUE SOB A SUPERVISÃO DE UM INSTRUTOR COMPETENTE.

AIKIDO
O método marcial de entrar em ressonância com a energia vital.

"Sempre há luz para aqueles que desejam ver..."

E essa luz se manifestou em cada pessoa que contribuiu para concretizar esta obra.

Registro aqui a minha gratidão vitalícia aos meus pais, Joaquim e Joana, por sempre terem me estimulado a perseverar nos meus sonhos; à minha amada esposa Flávia e meus estimados sogros, Milton e Sandra, e a todos os meus amigos dentro e fora do tatame, em particular ao Hideki Kinjo e ao Emerson Sobrinho que se sacrificaram gentilmente para as fotos.

Também não poderia deixar de lembrar do apoio direto e indireto dos artistas marciais que cito no meu currículo, e de toda a cadeia de mestres que passa por Morihei Ueshiba e se estende indefinidamente no passado.

Encerro agradecendo ao sr. Luiz Fanelli, o diretor da equipe de profissionais e consultores literários da Ícone Editora.

E a você, caro leitor, dedico estas páginas.

O AUTOR

CONTEÚDO

APRESENTAÇÃO 13
MANIFESTO 15
   A Gênese do Aiki 21
   Resgatando a Habilidade Natural Humana de Lutar .. 28
INTRODUÇÃO 39
   O Samurai Pacífico 39

PARTE I
REDEFININDO O COMBATE 49
MAAI - A ZONA ESTRATÉGICA 55
A GEOMETRIA DO COMBATE 61
   Deduções do Sistema Reto:
   O Triângulo e o Quadrado 67
   Deduções do Sistema Curvo 69
   Vantagens da Aplicação das Leis do Maai 75
   Benefícios do Domínio do Maai e as suas Regras
   Cruciais 77
O MÉTODO DO AIKIDO 81
SHIBUMI - SIMPLICIDADE EXTREMA 95
AIKI - CONTATO UNIFICADOR 109
   Diagrama Hierárquico 112
TRINDADE TÁTICA 117
   As Regras do Atemi - Choque Traumático 117
   As Regras da Polaridade Yin - Yang 124
   Levitação 128
   "O que é ENERGIA"? 131
   Enfoque da Energia no Centro Gravitacional 134

Os 5 Vetores da Energia 137
A Física do Atemi 142
Dicas Táticas de Combate 146
AIKIBUKI 151
AS ESTRATÉGIAS INTERNAS 159
   Kokyu Ho – Respiração 159
   Ki - Bioenergia 164
   Descontração e Relaxamento 167
   Nagare - Movimento Contínuo Alavancado 173

PARTE II
PRÁTICA EQUILIBRADA 179
   1ª Parte: Kamae e Ritsumokuso: as posturas 180
   2ª Parte: Tai Sabaki - Deslocamentos e Esquivas 184
   3ª Parte: Misogui - Purificação 185
   4ª Parte: Kokyu Ryoku - Explosão 188
   5ª Parte: Aiki Taiso - Ginástica Marcial 189
   6ª Parte: Ukemi - Rolamentos e Quedas 190
   7ª Parte: Atemi Waza - Golpes 191
   8ª Parte: Aikikempo 192
   9ª Parte: Randori 198
   10ª Parte: Revisão 200
KITAI - INTEGRIDADE TENSIONAL 201
HARA – O PODER DO CENTRO GRAVITACIONAL 207
   Uma Nova Visão Sobre o Ki 214
   Cultivo da Energia Psíquica 219
SAÚDE & GINÁSTICA 223
A BIOMECÂNICA 233
   Zanshin - A Postura da Prontidão 238
SUGESTOLOGIA MARCIAL 245

REQUISITOS 251
SUPLEMENTAÇÃO PSICOFÍSICA 257
    Isometria Marcial 257
    Exercícios Holísticos 261
    Exercícios Dinâmicos 262
SÍNTESE 263

PARTE III
APLICAÇÕES E ANÁLISES 267
UMA LUZ SOBRE O AIKIDO 273
O TREINO REAL 275
AIKIDO E A VIDA 277
AIKIDO NO FUTURO 281
AIKIDO NÃO É RELIGIÃO 285
RESUMO DIDÁTICO 291
ABSTRAÇÃO 295
A EMISSÃO DA ENERGIA 301
CONCLUSÃO 305
O AUTOR 309
    Currículo Marcial 313
DOJO AHCAM 321
    Artes Marciais Mistas 323
    O Aikido e o MMA 325
    O Aikido no Dojo AHCAM 327

Estátua retratando técnica brutal de submissão dos antigos lutadores gregos.

A mesma manobra executada pelo fundador do Aikido: sutileza e maior eficiência no controle, usando o princípio da atração e da conexão, o "Aiki".

APRESENTAÇÃO

O TÍTULO DESTE LIVRO exige antes um esclarecimento ao que diz respeito à palavra "metafísica". Ela é um conceito corrente em filosofia onde se entende a investigação dos princípios e dos significados transcendentes, uma ciência daquilo que está para além dos sentidos físicos, conforme sua etimologia.

Essa metafísica será o estudo da arte marcial, e do AIKIDO em particular, como uma expressão inata do ser humano na busca pela origem e pelo significado supremo das artes marciais na vida.

Ninguém pode afirmar que existiu, existe ou existirá uma arte marcial definitiva.

Contudo, a didática divulgada neste livro de ensino e prática do AIKIDO, esta bela arte de origem japonesa, compreende a quintessência das artes marciais.

MANIFESTO

A todos que buscam um caminho,

Um veterano da Segunda Guerra Mundial ensinou uma importante lição: *"É desnecessário fazer com mais o que se pode fazer com menos"*.

Graças aos sábios ensinamentos deste e de outros guerreiros da antiga geração, cheguei a diversas conclusões que gostaria de compartilhar.

As artes marciais suaves como o AIKIDO e o TAIJI, estão a cada dia perdendo a sua essência original e a grande maioria das escolas que abdicaram do aspecto marcial presente na raiz destas práticas já se transformaram em exercícios terapêuticos. Essas terapias não funcionam adequadamente para o que se propõem, sem o reforço de uma sólida arte marcial. Há também os mestres excêntricos e obesos que imperam nestes sistemas e prometem uma maestria no período mínimo de 30 anos de prática "disciplinada e dispendiosa".

Duvide destes "mestres" que se escondem atrás do conservadorismo e do misticismo oriental.

No outro extremo, várias escolas de artes marciais duras ficam limitadas à força e ao vigor muscular e precisam ser adaptadas para autodefesa real.

Já os esportes de contato estão se modernizando com vista às Olimpíadas e não substituem adequadamente as artes tradicionais legítimas.

Os sistemas militarizados de combate corpo-a-corpo praticados pelas unidades de elite dos exérci-

tos estimulam o aspecto ofensivo e são mais indicados para as necessidades profissionais dos militares e mercenários, veteranos ou ainda na ativa. Os soldados modernos treinam para atacar e defender matando o inimigo, e não o submetendo. Seus sistemas de combate foram concebidos para o campo de batalha moderno e tiram vantagem das botas pesadas, do terreno acidentado e dos equipamentos e armas do seu uniforme.

Muitos sistemas marciais tradicionais estão cedendo às pressões da comercialização e das tendências consumistas e competitivas por um lado, e da mistificação "New Age", por outro. Essas escolas desrespeitam a herança que lhes coube e traem a confiança do praticante, que fica iludido e acha que é capaz de se defender em uma situação de agressão. Isso ocorreu no *bujitsu* japonês e nos melhores sistemas do *kung-fu* também.

Restariam assim as artes marciais armadas como a Esgrima, o Arco-e-flecha e as diversas modalidades de Tiro, mas nada se iguala à forja do próprio corpo. Para um artista marcial habilidoso qualquer arma que empunhar passará a ser uma extensão dos seus braços e da sua mente. Notórios mestres foram originalmente militares de alta patente que abandonaram o emprego das armas em prol do cultivo da autodefesa desarmada. Ao decidir-se por qualquer uma dessas escolas clássicas, seu praticante estará limitado a efetividade de milhares de técnicas e estratégias que dependem da situação e da habilidade de seu oponente. De fato, muito freqüentemente quem pratica os estilos simples e diretos de rápido aprendizado são melhor orientados para derrotar um oponente que pratica uma arte complexa e sofisticada por um longo tempo.

O essencial não deve ser multiplicado sem necessidade.

É melhor aprender poucas coisas úteis ao invés de aprender muitas sem utilidade real. De nada adianta aprender sofisticados sistemas com milhares de técnicas formalizadas e permanecer na superfície sem um trabalho interno de energização e teste de eficiência.

Um praticante jamais deve se tornar um clone de seu instrutor plagiando seus maneirismos e repetindo indefinidamente suas técnicas. Como um aprendiz de artesão, ele gradualmente deverá adaptar o estilo pessoal do professor para conformar-se às suas características próprias. Este respeito pela liberdade do praticante tem sido uma das mais cativantes qualidades deste sistema, pois vai de encontro às aspirações das pessoas e responde positivamente às reivindicações dos adeptos de outras artes marciais restritivas que estão insatisfeitos e frustrados com a incongruência do que estão aprendendo.

Sob esta inspiração desenvolvi este sistema próprio de ensino do AIKIDO essencialmente híbrido e transcultural. Não há técnicas coreografadas do tipo "*Kata*", somente manobras livres e espontâneas do corpo, com movimentos improvisados e inesperados seguindo os princípios do *AIKI*.

Nosso sistema de ensino obedece aos três "M" em todas as aulas, pois a filosofia do AIKIDO estabelece que o treinamento deve ser Meditacional, Marcial e Medicinal.

Prof. Luciano Imoto
Janeiro de 2007

"Demonstração do Prof. Luciano Imoto e sua equipe nas comemorações do Centenário da Imigração Japonesa, durante o evento das Olimpíadas dos Imigrantes realizado no dia 20 de junho de 2008, no Ginásio Mauro Pinheiro em São Paulo."

Cenas de filmes japoneses que enfocam a ética do verdadeiro samurai

HARAKIRI ("Seppuku"), dirigido por Masaki Kobayashi em 1962.

AME AGARU ("Depois da Chuva", 1999), dirigido por Takashi Koizumi, com roteiro póstumo do grande cineasta Akira Kurosawa.

A GÊNESE DO AIKI

Do mesmo modo que o caçador primitivo ao encurralar sua caça precisava expandir a mente através de um estado alterado de percepção sensorial, assim também os primeiros guerreiros precisaram treinar tais habilidades quando se debatiam com seus oponentes. Estas táticas propiciaram a purificação da mente de suas necessidades psicológicas básicas, desbloqueando a ação imediata e culminaram na sofisticação técnica das artes marciais. Quando solicitado, o guerreiro estaria deliberadamente entregue a uma força maior e autônoma do seu subconsciente, em perfeita comunhão com o meio ambiente, livre do medo e das indecisões, apto a exercer todo o seu poder ofensivo e defensivo. Em outras palavras, este lutador transformava-se em um ser integral, resistente à dor e imune ao medo.

A intensidade desta supraconsciência alcançada nas caçadas e nos combates corporais despertaram em nosso íntimo, ao longo de inúmeras gerações, a sensação de estarmos conectados a um potencial e um poder inesgotável apesar de nossa nítida desvantagem física perante outros animais.

Os nossos ancestrais estavam profundamente sintonizados com as energias circundantes e seguiam fielmente suas leis naturais ainda que não compreendessem seus mecanismos sob um ponto de vista científico.

Com a Revolução Agrícola as necessidades de uma organização militar e religiosa se amalgamaram nas bases destas sociedades de uma forma inseparável, culminando nas primeiras civilizações e as guerras por território e riquezas acompanharam este processo de expansão e assimilação cultural. A segurança individual e coletiva tornou-se um artigo vital a ser conquistado e mantido desde então.

Por esta razão, os grandes líderes militares e estrategistas da Antigüidade captaram as sutilezas da conduta humana ao lidarem diariamente com a vida e a morte. Seus ensinamentos ainda estão presentes nas atuais metodologias filosóficas e religiosas e livros como o clássico chinês *A Arte da Guerra*, de Sun Tzu, já se incorporaram nas tecnologias de combate armado e de mãos vazias.

No entanto, apesar do amplo florescimento das escolas de artes marciais, menos de um em cem praticantes é dedicado o suficiente para dominar um sistema completo em qualquer disciplina.

Conhecedor desta realidade, desde a adolescência decidi dedicar minha vida e meus talentos às artes marciais. Durante os meus estudos e treinamentos sempre tive um fascínio e uma curiosidade natural a respeito da história das sociedades guerreiras e dos seus costumes milenares.

Apesar da maioria dos artistas marciais se contentarem em vestir um "quimono" e repetir roboticamente seu treinamento, competindo ou mistificando as artes que adotaram sem nada questionar e aprimorar, eu suspeitava da existência de um poder e objetivo infinitamente superior por trás do estudo e do adestramento de uma arte marcial.

Alguns anos de pesquisa transformaram esta desconfiança em certeza.

O treinamento de várias disciplinas durante o meu *Musha Shugyo* (peregrinação de treinamento do guerreiro) me habilitou a testar alguns princípios e fazer comparações técnicas para aumentar o meu repertório de estratégias e táticas nas manobras de defesa e ataque.

Apesar de estar treinando o AIKIDO na época como aluno interno, eticamente eu sabia que não poderia adotar, nem divulgar, uma arte marcial incompleta, que mais tarde me colocasse em uma situação de débito para com meus semelhantes. Após uma dúzia de anos treinando intensivamente o AIKIDO e outras artes orientais e ocidentais de luta, eu acabei em um platô, frustrado porque faltava uma visão panorâmica da realidade não encontrada no treino regular, formal e tradicional nos *dojo* (academia).

Eu precisava desligar-me da minha personalidade (o "ego" composto das aquisições da vida individual) e acessar os conteúdos do inconsciente coletivo, os arquétipos que sempre existiram e nos influenciaram. Sob esta inspiração e ideal de busca pela origem e significado das artes marciais, eu retomei o caminho dos mestres antigos e solitários na sua busca pela verdade. Como eles, encontrei no estudo e na observação da Natureza uma poderosa inspiração e companhia de reflexões.

Nesta pesquisa, deparei-me com o advento dos confrontos interestilos de Vale-tudo e, finalmente, pude combinar todos os fragmentos dispersos de informações e conceitos captados ao longo dos anos, num todo coerente que fosse compatível com os fundamentos do AIKIDO.

O AIKIDO (o caminho da unificação) não é um estilo novo derivado de alguma outra arte marcial. Como o seu próprio nome diz, é uma metodologia atualizada de treinamento de um conjunto de artes marciais misturadas entre si, com um currículo técnico e didático mais pragmático e menos ritualístico, mantendo uma etiqueta refinada e uma dinâmica voltada tanto para a luta quanto para a meditação, que proporciona enorme flexibilidade nos conceitos, além de elasticidade e criatividade na sua estrutura. Como um "*gendai shinbudô*" (arte marcial nova e moderna), este sistema excepcional tem também a vantagem de não aceitar nenhum tipo de doutrinação, abolindo o relacionamento de servidão, dependência e exploração entre mestre e discípulo.

Um outro ponto importante a salientar é que a grande maioria dos artistas marciais gasta indiscriminadamente

a saúde até os limites suportáveis da sua condição física através de exercícios aeróbicos intensos e da manifestação muscular bruta exercendo força excessiva nos movimentos. Se o praticante começou a treinar desde criança, este abuso da saúde irá durar em média uns vinte anos antes de exaurir seu organismo e ser obrigado a se aposentar na meia-idade sofrendo toda a sorte de dores e seqüelas. Então estes praticantes se tornam "técnicos" e o ciclo do desperdício da vitalidade se reinicia ao ser retransmitido para uma nova geração de jovens aprendizes...
Durante uma atividade física desta natureza, você deveria se indagar:

"DE ONDE VEM E PARA ONDE VAI ESTA ENERGIA QUE ESTOU CONSUMINDO?"

As lesões freqüentes nos esportes e nas artes marciais é uma evidência de que poucos cultivam a saúde por intermédio da estabilidade do corpo e da sua preservação com movimentos conscientes.

Como aikidoka, o praticante do AIKIDO, devemos buscar a longevidade. Nossa luta é para preservar a vida e não para acelerar a degradação do nosso corpo.

Mediante um processo racional e seguro de circulação de sangue e oxigênio propiciado pela prática bem orientada do AIKIDO, as funções orgânicas, em vez de se autoconsumirem, passam a restaurar a nossa vitalidade original, contribuindo deste modo para a regulagem, reparo e regeneração de nosso metabolismo.

Este processo que envolve postura e visualização é o exercício milenar da imobilidade, denominada em japonês de *"Ritsuzen"* ou *"Ritsumokuso"*, o termo que escolhemos para melhor nomear a meditação em pé do AIKIDO praticado na escola do autor.

Essa suspensão intencional do potencial cinético do corpo e da redução da velocidade dos seus movimentos durante o treinamento dos exercícios e das manobras técnicas, que passarão a ser monitorados pela mente em estado de supervigília, é o elo perdido das artes marciais.

A abordagem de treinamento do AIKIDO redistribui a energia pelo corpo, e segue como referência técnica uma longa tradição oriental de práticas meditativas.

As centenas de influências neste livro agregam vários pontos de vista. A minha linha principal de pensamento é fruto dos meus testes pelo mundo do combate a mãos nuas.

Uma outra linha foi extraída dos escritos e dos conselhos dos mestres, dos autores e dos praticantes do AIKIDO e de diversas artes marciais e de outras disciplinas como biomecânica, fisiologia esportiva e psicologia de sobrevivência (a *Emotologia* e a *Sugestopédia* são as disciplinas mais próximas desta área ainda pouco explorada nas artes marciais).

Este processo de pesquisa constante fez do AIKIDO ensinado em minha escola um caminho vivo, em constante mutação e recriação, evitando que o praticante assuma uma forma rígida de expressão e pensamento.

O fato de não enfatizar o aperfeiçoamento *ad infinitum* de técnicas sofisticadas e complexas favorece o uso de quaisquer técnicas, sem limitações de estilos e tradições obsoletas. Quando se está livre da técnica formalizada (*Kata*, *Kati* e outras coreografias ensaiadas de defesa, ataque e contra-ataque) estamos em sintonia com as forças caóticas regentes de uma luta real, onde os oponentes não colaboram com nossas intenções, assumem uma atitude de confronto mortal e empregam todos os meios para impôr sua vontade.

Em outras palavras, o AIKIDO abrange basicamente um estudo profundo das leis do conflito, levando em conta a realidade brutal e inesperada do combate.

Várias posturas do *Ritsumokuso*.

Manobra de estrangulamento e luxação.

RESGATANDO A HABILIDADE NATURAL HUMANA DE LUTAR

Esta metodologia marcial aproveita o seu instinto de conservação e reação imediata e multiplica essa capacidade com segurança, aumentando o impacto dos seus golpes e da sua resistência desde a primeira aula.

O AIKIDO é um sistema novo de combate e cultivo da saúde e da espiritualidade, derivado de uma antiga geração de artes marciais, entre elas o Aikijitsu samurai do Japão feudal, mas com um conceito moderno e adaptável.

Após anos de prática em diversas artes marciais clássicas e vários estilos do Boxe Interno chinês (kungfu), entre outras artes e estilos, desenvolvi meu próprio método de ensino a partir de uma revisão original e renovadora da energia *Ki* e da teoria da polaridade *Yin-Yang*.

Nas aulas de AIKIDO que eu e meus instrutores ministramos em nossa escola, enfatizamos o movimento natural, livre de padrões codificados, e o alinhamento correto das articulações do corpo, equiparando a inteligência com o instinto nas manobras de improvisação.

O aikidoka iniciante é monitorado individualmente e instruído a treinar de uma forma segura, gradual e equilibrada.

Em nosso método de ensino do AIKIDO não ficamos ensaiando técnicas coreografadas!

Nosso currículo de treinamento é baseado em uma fórmula simples de aumento da potência dos golpes:

$$F = m \times a$$
(Força é igual massa vezes aceleração)

No AIKIDO praticado em nossa escola oferecemos um programa completo de treinamento dentro de um sistema revolucionário de autoproteção que amplia a saúde e desenvolve táticas devastadoras de nocaute.

Contamos também com um dos programas mais intensos e criativos de manobras para combate à curta distância!

No aspecto do condicionamento físico adaptamos exercícios capazes de garantir vigor, agilidade, destreza e domínio emocional na luta. Cada estudante treina dentro do seu próprio ritmo, de acordo com seu nível e desejo de se superar.

O AIKIDO foi desenhado para ser eficiente mesmo se você não for um atleta ou não conseguir chutar acima da sua cabeça.

Seria a força muscular o fator mais importante nas artes marciais?

Em qualquer luta sem regras, entre um corpo forte e uma mente poderosa, a mente vence porque sempre encontra um ponto fraco.

Desafortunadamente, nós não fazemos pleno uso das três partes do nosso cérebro (reptiliano, límbico e cortical). Pesquisas científicas têm mostrado que a média dos homens raramente alcança 10% do seu potencial de força cerebral.

Ciente disso, nas aulas do AIKIDO utilizamos técnicas de indução psicológica para acelerar o aprendizado e explorar positivamente as emoções violentas.

Mas, por que usar conceitos da sugestão subliminar e da manipulação do comportamento em atividades físicas?

Os antigos gregos foram os pioneiros nesta matéria com a criação do *Pankration*, uma metodologia original que combinava a luta de punhos e pés com técnicas de arremesso e luta no solo. Estes guerreiros completos e temidos tinham uma palavra singular para descrever o corpo e o pensamento unificados: *"Psicossoma"*.

Para eles não havia dualidade entre a mente e o corpo em um ser vivo. Havia somente a manifestação de um espírito (*psiquê*) unificado na forma (*Soma*).
Por isso,

NÃO EXISTE PENSAMENTO
DISSOCIADO DO CORPO!
NÃO EXISTE CORPO
DISSOCIADO DO PENSAMENTO!

No AIKIDO estabelecemos este princípio fundamental de unidade: o que atinge a mente afeta o corpo e vice-versa!

"SEREI HIPNOTIZADO NAS AULAS?"

Esta pergunta é inevitável devido ao preconceito gerado pela mídia. Ironicamente todos somos "hipnotizados" várias vezes ao dia.

Qualquer momento em que você estiver inteiramente concentrado (focado) em algo, alguém ou em alguma atividade ou fenômeno, estará se auto-sugestionando e terá ao seu dispor um poder de foco acima da média. Não existe "hipnose" imposta contra a sua vontade.

Ficar diante de uma TV ou de um orador carismático são experiências comuns de sugestão subliminar, onde a mensagem é captada indiretamente sem exigir esforço de concentração do receptor. Esta é a forma mais comum de ataque psíquico.

No AIKIDO adotamos este último recurso, a *Sugestologia*, como arma e como escudo de reforço psicológico.

Duas palavras resumem as principais funções do cérebro: "conceito" e "associação". Assim, ficar repetindo movimentos padronizados e sem consciência do ato está fora de cogitação no treinamento do verdadeiro AIKIDO. E, sem assimilar uma teoria sólida, clara e consistente o praticante não evolui para os estágios avançados das artes marciais.

Uma última nota sobre este tema é que ao término de cada aula, o instrutor deve "fechar" a prática e avisar aos praticantes que a sessão está encerrada e que já podem sair do estado de supervigília.

Tudo que aprendemos com a mente e o corpo unidos fica registrado nas nossas células e na nossa memória a nível inconsciente.

Assim, as três fases do treinamento do AIKIDO atuam diretamente sobre este *psicossoma* e são praticadas na seguinte ordem:

1º - Posturas de Imobilidade e Testes de Vetor da Energia com movimentos lentos e elípticos. Ideal para sensibilizar o sistema neuromuscular, sem riscos de danificar o organismo.

2º - Deslocamentos e Golpes. Andar em ziguezague e em espirais, usando o corpo inteiro para descarregar energia cinética através de ondas de choque nos golpes traumatizantes.

3º - Sensibilidade em Duplas. Prática do princípio da adesão, da improvisação e da fluidez para desenvolver a propriocepção (sensação de equilíbrio no tempo e no espaço), nosso verdadeiro sexto sentido, indispensável para o sucesso no combate.

No AIKIDO ministrado no Dojo AHCAM, a escola particular (*juku*) em que ensino meus alunos, dividimos este treinamento em módulos ao longo de 5 Níveis (*Kyu*) organizados de forma lógica e racional para englobar e maximizar todos os aspectos necessários ao desenvolvimento do praticante no menor tempo possível, evitando consumir seu tempo e as suas reservas vitais no processo de adquirir um poder marcial capaz de proteger a sua integridade física e a sua honra.

MAS NÃO SE DEIXE ILUDIR!

Peso, tamanho e quantidade de agressores realmente contam em uma luta. Estar alerta, evitar locais e situações de risco e fugir ainda são as melhores alternativas para sobreviver a um confronto real.

Em relação à autodefesa nas ruas, primeiro evite, em seguida desestimule e só em último caso... neutralize.

Sabemos que o seu sucesso em defender a própria vida ou a de seus entes queridos numa situação de agressão é basicamente uma questão de treinamento correto!

Minamoto no Yoshimitsu Saburo Shinra,
o Samurai idealizador do princípio Aiki.

OS 5 NÍVEIS (*KYU*) DO AIKIDO

A prática do AIKIDO funciona com aulas regulares cumulativas e o praticante alcança graduação e evolução progressivamente, sem se preocupar com hierarquias artificiais ou excesso de fixação na memorização das técnicas básicas. O mais importante é que o estudante dedicado busque um melhor aproveitamento das aulas.

Ao longo do treinamento cada praticante passará por uma reestruturação tanto externa quanto interna, de acordo com os seus esforços e objetivos pessoais.

Confira a seguir um breve resumo do conteúdo do treinamento:

1 – Introdução teórica nos princípios, conceitos e máximas marciais do AIKIDO e a sua aplicação, de acordo com os seus fundamentos técnicos. Esta fase inicial se resume ao fortalecimento do corpo com uma didática descontraída e lúdica de movimentos livres e posturas meditativas. Ênfase nos exercícios respiratórios e isométricos de condicionamento físico, bem como na prática de rolamentos e quedas (*Ukemi*).

2 – O emprego da mente nas manobras (*Waza*) passa a ser intensificado e o praticante otimiza o potencial do seu corpo, executando os golpes de forma espontânea mas com intenção dirigida e focada. As leis da Sugestão Subliminar e da Psicologia de Sobrevivência são incorporados de vez ao treinamento regular. Ênfase no treino da visualização mental e do movimento contínuo alavancado (*Nagare*).

3 – Após adquirir força e resistência compatível com sua dedicação, seu poder marcial atingirá seu ápice bem como a sua capacidade para absorver golpes. Ênfase na intensidade do *Aikikempo* e outras manobras marciais e meditativas em duplas.

4 – Após a maestria dos movimentos, o praticante é iniciado nos princípios mais profundos das táticas e estratégias. Ênfase no *Ritsumokuso* e aumento do tempo de permanência e da qualidade das visualizações durante a meditação.

5 – Com o acréscimo do *Aikibuki*, o treinamento com *Bokken* (sabre de madeira), *Jô* (bastão), *Tantô* (faca) e *Tonfa*, estas armas se tornarão um prolongamento natural do corpo do praticante. Neste ponto o aikidoka estará habilitado a receber a faixa-preta do primeiro dos oito níveis de grau (*Dan*) do AIKIDO, recebendo o título de *Shodan*.

Este esquema de prática, além de simples, revigorante e agradável, segue um ciclo natural de crescimento constante que pode ser repetido indefinidamente, pois a cada dia de treinamento o praticante estará um grau acima, em uma espiral ascendente de maestria. Coincidentemente esta forma de graduação também é a forma tradicional de transmissão das artes marciais empregada pelos mestres antigos.

O praticante usa *keikogi* (calça, jaqueta e faixa na cor branca) desde o início da prática, e o *hakama*, espécie de pantalona vestida sobre a calça e a faixa, a partir da sua inclusão no catálogo formal de praticantes credenciados (*Mokuroku*).

Manobra de arremesso e controle do centro.

Desenho de Utagawa Kuniyoshi (1798 – 1861) da lendária luta entre Benkei (com a alabarda) e o herói japonês Ushiwakamaru. Aqui Benkei luta com fúria e força bruta, demonstrando o comportamento típico do combatente temperamental que comete excessos em tudo que faz. Em contraste, Ushiwakamaru assume uma postura de controle e uma atitude determinada e impassível característica do comportamento de um combatente predador. No Aikido também se diferencia estes dois tipos primários de sistemas combativos: "Haku no Budo", artes marciais motivadas pelas emoções e "Kon no Budo", artes marciais da inteligência. Um é reativo, dirigido para a conquista da vitória através da luta e disposto a pagar um alto preço por este ato, e o outro é proativo, um meio de desestimular a violência e resolver conflitos em vez de iniciá-los ou perpetuá-los. Duas orientações opostas que nascem da mesma fonte: a autoproteção. Alguns buscam tornar-se galos de briga, empenhados na cultura física. Outros, forjam o corpo para extrair impurezas e vencer seus demônios internos. Para estes últimos, não há limite de idade no treinamento.

INTRODUÇÃO

O SAMURAI PACÍFICO

OS POUCOS PESQUISADORES que se aventuraram a investigar a fundo as artes marciais antigas recorreram a conceitos orientais que só podem ser compreendidos depois de, no mínimo, uma década de treino e vivência com algum professor especializado naquela cultura específica, adicionando-se ainda um amplo estudo do esoterismo embutido nas suas técnicas e teorias doutrinárias.

Nesta especialidade, como em qualquer outra, a procura dos significados supremos e sua interpretação não interessou à maioria dos nossos contemporâneos, ou pareceu-lhes distante e ultrapassada.

Alguns autores limitaram-se a reproduzir minuciosamente os movimentos coreografados e repetir as citações paradoxais dos mestres, outros enveredaram por caminhos empíricos misturando tradições e forçando-as a se enquadrarem em uma estrutura cultural incompatível...

O mundo das artes marciais é notoriamente dissimulado e com o mínimo de clareza na comunicação, obviamente por motivos de "sigilo militar".

Isto explica porque em muitas escolas e sistemas de combate os estudantes gastam décadas para alcançar a maestria de conceitos que poderiam ser transmitidos em apenas algumas lições.

Esta obra pioneira por sua vez é uma notável exceção e oferece uma exposição diferenciada das artes marciais como ferramenta de recriação de nós mesmos.

A habilidade de autodefesa usando o corpo ou manejando instrumentos é um dom natural do homem. De uma ameba a um tigre, todos os seres vivos sabem se defender instintivamente.

A literatura das artes marciais clássicas, e seus estilos contemporâneos, cresce e multiplica-se a cada dia. Há de simples brochuras para principiantes até enciclopédias que abrangem vários aspectos da luta. Infelizmente poucos destes impressos vencem as amarras culturais de certos povos orientais e ensinam a transcendência da estratégia de luta de acordo com fundamentos universais.

No estágio que antecede o combate, se conhecermos de antemão onde, quando e com quem nós iremos confrontar, teremos óbvia vantagem em termos táticos. A chance de vitória aumenta exponencialmente à medida que podemos antecipar os planos adversários. E se não conhecermos nossas limitações não saberemos explorar vantagem alguma.

Hoje se encontra catalogado um enorme lastro de máximas, golpes e técnicas que não servem muito contra um ou vários lutadores, porque com o menor desvio a seqüência do golpe fica anulada, exigindo improvisos que por sua vez não são treinados.

Ataque "*Double-leg*"   Defesa do "*Double-leg*"

Ataque "*Single-leg*"   Defesa do "*Single-leg*"

Além disso, quem acha tempo para treinar e estudar esta abundância de conceitos, golpes e variações de técnicas que se encontram na maioria das artes marciais? Conheço profissionais de artes e esportes de combate que praticam várias horas por dia para não perderem a forma física, com o risco de serem superados na sua área de atuação por um concorrente mais jovem e preparado.

E para o momento intermediário do combate, quando os oponentes estão em pé e "atracados", não há quase nada de original, exceto alguns comentários sobre luta de solo e compilações de técnicas selvagens e musculares do tipo "*vai-ou-racha*". Uns poucos instrutores arriscam comentários sobre ataques indiretos aos pontos vitais (colocar o joelho sobre o plexo, usar o peso do corpo para sufocar o oponente, etc.), pecando pelo uso exagerado do golpe traumático isolado e perdendo o foco da aplicação dos princípios naturais do corpo e seu poder energético latente.

Este guia introdutório, pela simplicidade com que foi elaborado, pretende ser muito direto. Além de auxiliar o aikidoka, o artista marcial e o atleta profissional das artes marciais e outros esportes de contato, destina-se a homens e mulheres que têm necessidade urgente de uma segurança interior que uma arma de fogo ou um carro blindado jamais garantirão por completo. Propicia a todos a oportunidade de se aproximar de estratégias milenares empregadas universalmente por todos os guerreiros antigos e modernos, e delas poder fazer uso obtendo resultados estimulantes, afinal, luta-se para vencer e se perpetuar no cenário da vida.

Toda agressão passará a ser encarada como um pedido de complementação no relacionamento em questão e o praticante colocará em primeiro plano o bem comum para evitar desequilíbrios sociais coletivos que fatalmente degeneram em situações de violência com prejuízos generalizados. Ao mesmo tempo terá força de pacificação perante uma luta inevitável.

Por tudo isso este livro é uma novidade absoluta. Além de apresentar um inovador sistema defensivo de combate desarmado, este manual dá, geralmente, avisos e lições claras e ensina de certa forma um esquema real, verdadeiro e palpável de como e onde você deve se postar para antecipar e até evitar um conflito. Apresenta também a melhor forma de se trabalhar os princípios técnicos da maioria das artes e esportes de contato para deles obter o máximo de eficiência e, na manutenção da saúde, elevar o nível de vigor do praticante.

Estou convicto que o texto inédito registrado neste estudo também irá auxiliar os artistas marciais em geral e a todos aqueles que visem resultados imediatos para sua proteção pessoal, principalmente fazendo-os entender a necessidade de conhecer tanto o antigo quanto o moderno para temperar o conhecimento das artes marciais e avançar no caminho que escolherem.

Com este objetivo em vista, seremos conduzidos a um novo raciocínio, dedutivo e lógico, possibilitando novas descobertas com esta didática peculiar de ensino.

Naturalmente isto não é uma garantia para um aprendizado relâmpago, porque existem nas artes marciais, como também na vida, dificuldades que para serem dominadas exigem experiência, genialidade ou personalidade. Mas com este livro disponibilizamos as condições para um estudo sólido do AIKIDO, que proporcionará ao praticante as condições básicas para resistir a um ataque forte e repentino e de tornar-se um candidato a perito.

Caminhar, alimentar-se ou simplesmente respirar passam a ser técnicas rotineiras de proteção pessoal. Os mestres recomendam que não deve haver separação entre a prática e as atividades do cotidiano. Atingir um ponto onde os desafios externos da vida e os conflitos internos do indivíduo se equilibram é fundamental.

Mas qual a utilidade de se aprender artes marciais no mundo atual?

Por "marcial" entendemos a arte da *"defesa ofensiva"*, e não um tipo de atividade exclusivamente terapêutica.

Acredito que o número de pessoas que querem ser fortes e ter uma existência corajosa seja grande. Entre aqueles que têm o desejo honesto de aprender, a maioria costuma, ingressar nas escolas de Caratê. Mas há aqueles mais sensíveis que buscam uma força genuína que não dependa da idade, vigor, tamanho ou truques com as mãos e o pés. Eles entendem que este poder só pode ser obtido mediante o treinamento inteligente. Estas pessoas especiais se encaminham para as artes marciais consideradas *"internas"*, ou seja, que focalizam primeiro o fortalecimento da mente.

As artes marciais internas contêm ações sincronizadas que derivam umas das outras mediante passagens contínuas extremamente elegantes e que permitem a existência de verdadeiras coreografias de manobras corporais com uma avalanche de golpes.

O AIKIDO emprega esta abordagem milenar do combate e por isso é um organismo marcial completo, integral e estritamente prático.

Quando se executa as suas manobras táticas livremente, atuando como um simples intermediário na canalização desta força vital, o praticante amplia a sua sensibilidade ao máximo e une o objetivo ao subjetivo.

Nada pode atingi-lo ou feri-lo.

O AIKIDO também é um sistema que emancipa rapidamente seus praticantes.

INORI – uma das várias expressões de "mudrás" na prática do *Ritsumokuso*, a oração em pé.

Em outro tipo de arte marcial o instrutor ensina passo a passo ao iniciante como respirar, quanto tempo treinar, quais músculos usar e relaxar, quantas vezes repetir o movimento, onde colocar a consciência, como expandir sua força etc., etc. Se ele ensinar cem técnicas de seu repertório, seu aluno não saberá derivar uma centésima-primeira. Já, se utilizasse as "teclas de atalho" ocultas sutilmente nas bases das artes marciais internas, o praticante teria a vantagem de não ficar atrelado ao instrutor e nem dependente dele, além de estar livre das lesões decorrentes do treinamento arbitrário. Se precisasse seguir sozinho após alguns anos de prática, poderia continuar se aprimorando com segurança, pois, tendo aprendido apenas dez exercícios, com os ensinamentos orais e registrados dos mestres (*Kuden*) poderia desenvolver outros dez mil!

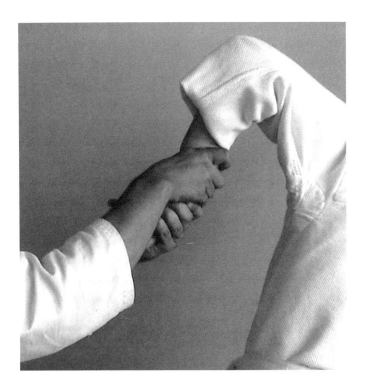

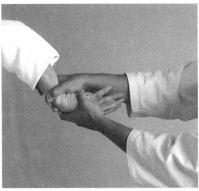

KUDEN:
"Acima, manobra técnica correta, de silhueta harmoniosa e eficiente de aplicação do Princípio nº 4 (Yonkyo) seguindo as linhas de fluxo em espiral da energia ao redor dos ossos, tendões e músculos. Ao lado, manobra incorreta, com torção excessiva sobre a articulação do pulso em vez de controlar o cotovelo e o centro de equilíbrio do oponente."

LUCIANO IMOTO

PARTE I

REDEFININDO O COMBATE

AGORA ALGUNS ESCLARECIMENTOS sobre o natural ato de lutar.

Ao longo da história das artes marciais corre um fio invisível que liga o combate com as doutrinas religiosas, com as danças sagradas e com a vida camponesa.

Por causa da necessidade de sobreviver em um mundo progressivamente mais populoso e competitivo, nossos ancestrais precisaram desenvolver armas e habilidades para proteger a si mesmos, aos seus aliados e o seu território.

Outrora aqueles povos sabiam como caçar e lutar para garantir seu sustento, e tinham uma consciência instintiva e imaculada de seu papel no planeta associado a um talento natural para a formação de sociedades tribais militarizadas. Estas habilidades requeriam força e resistência física mas também uma mente sensível e alerta. Como um grande felino, estes povos antigos precisavam de garras afiadas e de um espírito determinado para serem capazes de evitar conflitos (ou atenuá-los) e sobreviver em ambientes muito mais hostis dos que os de hoje.

Os guerreiros do passado eram orientados em uma filosofia pragmática, excelente para capacitá-los em pouco tempo, aumentando sua autoconfiança, sem rivalidades entre os parceiros, unidos em uma grande irmandade, com uma hierarquia natural de convivência e amizade.

A maioria das artes marciais em seu berço surgiram da necessidade de proteger alimentos armazenados e garantir os recursos naturais da terra cultivada e dos animais de caça. Neste cenário, o inevitável surgimento de uma classe militar deu origem aos primeiros exércitos organizados. A arte da guerra era a única forma de acelerar o progresso tecnológico e garantir a soberania de suas fronteiras territoriais.

As danças sagradas se misturaram com os movimentos marciais e os dançarinos eram verdadeiros livros vivos de informação que transmitiam deliberadamente certos conhecimentos cósmicos transcendentais através da sua expressão corporal.

Os dançarinos contemporâneos ainda conhecem as sete partes independentes do corpo e sabem quais são as linhas distintas do movimento. Sabem que cada uma das sete linhas do movimento possui também sete pontos de concentração dinâmica onde a força alcança seu ápice*.

Finalmente, com o avanço nas ciências das antigas civilizações, a descoberta dos mecanismos autônomos de energia e geração de poder no corpo humano elevou as artes marciais a um novo patamar.

A busca da longevidade.

Os mestres do passado possuíam uma sabedoria herdada diretamente do contato diário com a natureza transmitida de geração em geração por incontáveis tradições guerreiras. Normalmente confinadas em templos e escolas fechadas estas artes marciais fortaleciam os seus praticantes e serviam como atividade complementar às práticas religiosas e agrícolas.

---

* Maiores informações nos livros de Rudolf Laban (1879~1958).

No decorrer das atribulações sofridas na Ásia ao longo de vários séculos, a filosofia hermética e secretista de muitos mestres estagnou a transmissão de antigos ensinamentos, sem os quais as artes marciais perderam sua meta e se confundiram com práticas esotéricas sem sentido.

Enquanto isso os líderes das outras escolas começaram a impor sua marca individual, dando origem a outros estilos e inovações nas artes tradicionais que se espalharam principalmente para o Ocidente. Sem acionar e desenvolver a percepção extra-sensorial do praticante, um processo que exige tempo e dedicação, estas artes marciais amorteceram e diluíram o lado interno em prol de uma aceitação mais rápida por parte do público.

As migrações, as influências das superstições religiosas em voga, o racismo xenofóbico e a visão deturpada de progresso e tecnologia adotada pelos políticos e militares com o advento das armas de fogo, inegavelmente desencadeou um processo de distanciamento constante do significado e função das artes marciais para aumentar a qualidade de vida. Isso gerou formas enfeitadas, irracionais e tolas de lutar, e rompeu com os códigos éticos de várias tradições exigindo ajustes urgentes por parte dos poucos representantes ortodoxos. Alguns mestres intuíram que deveriam recuperar o núcleo de poder do corpo e orientar toda a movimentação para emanar dele, controlando o tempo e o espaço em conformidade com as teorias esotéricas que estavam sendo negligenciadas, esquecidas e abandonadas.

Graças aos meus estudos do *Boxe Chinês* e do *Aikijitsu* que abordam estes ensinamentos milenares, usei as terminologias e os processos de análise da ciência para descrever estas teorias e explicar os seus fundamentos de forma mais clara e atualizada.

Apesar de citar termos orientais próprios do vocabulário do AIKIDO, este livro está subordinado a uma revisão moderna dos conceitos relativos às artes marciais.

No caso da energia bioelétrica comprovada através das famosas fotografias Kirlian, que se manifesta universalmente na aura do corpo humano via sistema nervoso, às vezes optei pela sigla "Psy", Energia Psíquica, ao invés do *Ki* japonês, do *Chi* chinês ou do *Prana* indiano.

Por outro lado, uma sessão de treino não tem muitas explicações verbais durante a aula. Ensinamos pelo corpo e através de suas expressões, encorajando o praticante, salientando suas qualidades e usando suas debilidades a seu favor. Aconselhamos o praticante a persistir por pior que esteja ou suponha estar no início do treinamento.

O treino simula a intensidade de um combate, exigindo autodisciplina, logo, a determinação é a chave e o ego deve ser posto de escanteio para facilitar a assimilação do treinamento no seu inconsciente.

Também incentivamos os praticantes a trabalharem em duplas e praticar regularmente com o parceiro de maior afinidade visando criar as suas próprias manobras técnicas. Após centenas de horas de estudo e análise das lutas amadoras e profissionais, desde os seus primórdios do vale-tudo brasileiro até os eventos televisionados, desenvolvemos uma didática ativa, onde enfatizamos para o aluno as manobras de ataque e de avanço usadas como defesa simultânea visando controlar e ocupar o espaço vital do(s) oponente(s). Também ensinamos o recuo, a fuga e a dissipação do ímpeto inimigo nas várias direções, trocando os ataques antigos e obsoletos praticados no AIKIDO tradicional pelos golpes empregados nestas lutas de contato total.

Todas essas matérias derivaram em grande parte deste estudo do vale-tudo uma vez que um ringue é um ótimo laboratório de testes para a eficiência de um lutador no processo de tentativa e erro que conduz à sua evolução marcial.

O orgulho de estar treinando o mais perto possível da realidade de uma luta verdadeira deve ser a maior motivação do praticante sincero.

Antes de ingressarmos nestes e outros tópicos mais complexos (como a atitude mental correta diante do caos de um conflito violento), analisaremos em pormenores as vantagens de agir de acordo com o conhecimento de uma zona estratégica, uma informação simples e vital para o sucesso em qualquer combate, até então confinada a um círculo restrito.

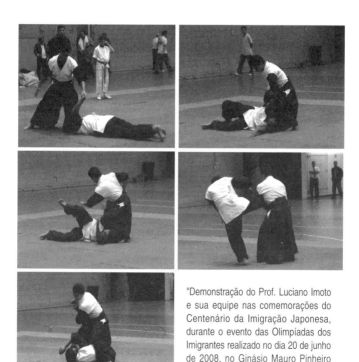

"Demonstração do Prof. Luciano Imoto e sua equipe nas comemorações do Centenário da Imigração Japonesa, durante o evento das Olimpíadas dos Imigrantes realizado no dia 20 de junho de 2008, no Ginásio Mauro Pinheiro em São Paulo."

Cenas de filmes japoneses
O conceito de distância entre os oponentes (Maai) em dois filmes de samurai

NEMURI KYÔSHIRÔ 8: BURAI-KEN
("A Espada que Salvou Edo"), de Kenji Misumi (1966).

"CREPÚSCULO SEIBEI" (2002), de Yôji Yamada.

MAAI
A ZONA ESTRATÉGICA

*"No Olho do Furacão
A Aranha Tece Fria
Sua Teia Fina"*

Haicai do autor

A TEORIA DE UMA ZONA ESTRATÉGICA, revelada neste livro como uma tática universal, equivale simplesmente à distância espacial neutra entre os praticantes antes do primeiro contato e será doravante abreviada e resumida no conceito japonês de "Maai".

A descoberta da aplicação dos princípios do Maai nas artes marciais resultou de quatro operações durante a minha investigação por um denominador comum nas lutas.

Primeiro perambulei e explorei os vários caminhos marciais disponíveis, experimentando eventuais soluções para o desafio de resgatar um conhecimento perdido.

Examinei várias alternativas durante anos, buscando detectar uma constante imutável que pudesse se tornar um axioma em todas as escolas de combate corpo a corpo.

Essa operação consistiu em procurar pistas que apontassem diretamente para o maior de todos os princípios marciais.

Há certos enigmas que exigem criatividade e muitas vezes a pista é a ausência de algo que foi omitido ou colocado propositalmente em campo aberto. Às vezes estes "segredos" são tão públicos que passam desapercebidos, envoltos em uma aura de mistério.

Logo, essa teoria sistematizada não poderia se restringir a uma estratégia mental simplesmente porque durante um combate não há tempo suficiente para planejarmos nada muito elaborado.

Em determinado momento estava andando em círculos, e não iria conseguir decifrar o problema. Quanto mais longe tentava chegar, percebia que não saia do lugar. Assim procurei soluções em outras atividades que me levaram ao estágio final da busca: a descentralização das informações.

Finalmente, graças à complementação do treinamento com exercícios e movimentos em câmera lenta, e a análise de centenas de combates profissionais do *UFC* no EUA, *Pride, K1* e *Shooto* no Japão, *Cage* na Inglaterra e outros torneios internacionais e nacionais, cheguei até a formulação da teoria de uma zona estratégica regente da distância entre os lutadores.

Algumas artes estudam diagramas complexos de movimentação dos pés nos vários ângulos dos pontos cardeais e sobre figuras geométricas. Todavia não abordam uma zona estratégica diretamente. Ensinam a golpear e bloquear nas várias direções e planos, no entanto ignoram as leis básicas para tirar proveito do intervalo vazio entre os lutadores.

Nos antigos tratados de esgrima européia os espadachins medievais já intuíam e esboçavam um sistema geométrico como alvo e guia tático. Na verdade, aprendi mais nestes manuais ocidentais do que nos clássicos enigmáticos de *Sun Tzu*.

"*Compêndio dos fundamentos da verdadeira destreza e filosofia das armas*", de Dom Francisco Antonio de Ettenhard y Abarca, 1675.

Assim, a zona estratégica sempre era usada pelos mestres nos níveis avançados das artes marciais, mas permaneceu adormecida no inconsciente coletivo há várias gerações.

Por outro lado, esta teoria constituiu apenas uma descoberta e não uma criação.

Invenção diz respeito à associação de dois ou mais fatores para chegar a um terceiro que tem parte dos anteriores, mas é algo novo. Descoberta diz respeito a algo já existente que, de forma acidental, por intuição, conseguimos ver, de uma nova forma, que não havia se percebido anteriormente. Pois a zona estratégica sempre esteve presente de um jeito camuflado e subliminar em todos os estilos de combate entre dois ou mais adversários, armados ou de mãos vazias.

Futuramente tome para exemplo algumas técnicas quaisquer aplicadas com mais freqüência nos combates televisionados, não importando o peso e a nacionalidade do lutador ou as suas preferências pessoais, e analise-as "quadro-a-quadro" de acordo com os conceitos explicados no decorrer desta obra.

Com um mínimo de ajustes, as técnicas aplicadas com resultado serão equivalentes entre si em termos táticos e estratégicos. Portanto, existe um padrão de comportamento.

Ironicamente, tal fato absurdamente pueril e desprovido de sofisticados e complexos mecanismos passou despercebido a tantas gerações do mundo inteiro e foi redescoberto somente no final do segundo milênio, da mesma forma como a lei da Gravitação Universal passou sem ser registrada pelos grandes sábios e cientistas do mundo antigo, só vindo a ser descoberta bem recentemente por Isaac Newton. Assim como ele não criou a gravidade e a apresentou ao mundo em seu livro "Principia" de 1687, eu também não inventei uma zona estratégica a ser ocupada na luta. Ela sempre esteve lá, mas ninguém se deu conta de sua presença ou das leis que a regem.

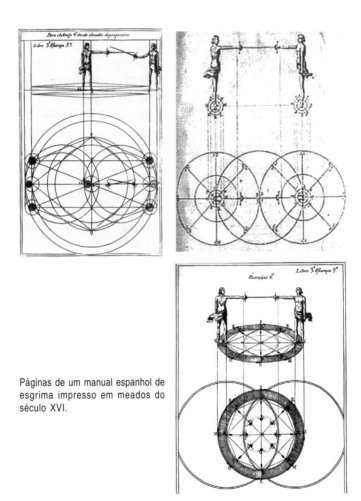

Páginas de um manual espanhol de esgrima impresso em meados do século XVI.

Diferentes distâncias e ângulos de aproximação na luta.

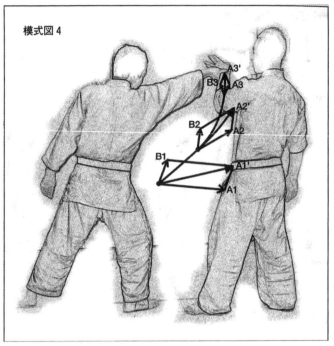

模式図 4

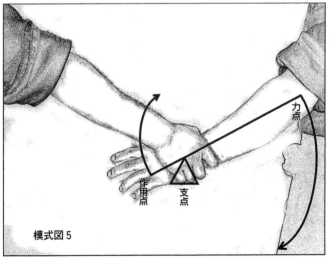

模式図 5

A GEOMETRIA DO COMBATE

OS GUERREIROS DE INÚMEROS POVOS já havia se beneficiado desta estratégia superior de controle do território e, portanto, provavelmente o que ocorreu foi uma adaptação do choque, entrelaçamento e pressão das armas entre si para as técnicas de mãos vazias. Ou seja, quem vencia armado deveria estar em condições de vencer mesmo privado de sua arma favorita.

Uma exploração mais profunda vai se deparar com os mesmos princípios descobertos a custa de milhares de combates reais. Somente a sua expressão é que irá variar de acordo com a bagagem cultural dos guerreiros.

Nas ciências que estudam e ensinam os símbolos naturais, que podem e são usados para qualquer noção, da matemática à publicidade, estabelece-se que as linhas e figuras curvas, quando entrelaçadas indicam "amor" e "criação", devido aos órgãos do amor serem redondos e o crescimento dos seres vivos seguirem uma curva em espiral. No entanto, transposto para o mundo das artes marciais, dois vértices de um quadrado entrançados significam "combate", haja vista a qualidade "pontiaguda" presente nas armas letais.

Extraindo-se uma das pontas de um quadrado teremos um triângulo eqüilátero. Da combinação de dois triângulos resulta o "Selo de Salomão", famoso nas guerras da antigüidade e com razão porque este símbolo indica a base da estratégia.

Transferido para o terreno do combate ou para qualquer campo de batalha, ele mostra três zonas:

A zona "A" com o ponto ZERO (onde ocorre o cancelamento das forças) no centro, ocupada pelas duas cunhas sobrepostas; zona "B" que contém somente uma das quatro cunhas e zona "C" fora da zona estratégica, mas nem por isso anulada pois será o local onde deverá ser dirigido o oponente antes da aplicação da técnica ou como ponto temporário de neutralidade ou flanqueamento. Naturalmente esta simples forma geométrica gira em torno de seu eixo e/ou se multiplica variando com o movimento, circunstâncias, local e número de envolvidos no embate.

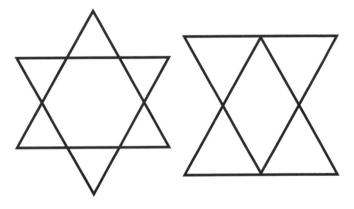

Desdobramento do "SELO DE SALOMÃO", também conhecido por "Estrela de Davi", para o losango a ser visualizado na intersecção da zona estratégica.

Uma das características mais marcantes da zona estratégica é a sua mutabilidade espacial randômica (caos) e de resultados imprevisíveis caso seja negligenciada.

Para serem compreendidos, estes diagramas devem ser analisados como objetos tridimensionais se movendo. Um diagrama fixo ao nível do solo não passa de um desenho.

O domínio da zona A no centro da intersecção dos triângulos tem significação decisiva e isto será aproveitado para o planejamento estratégico.

Como se vê nos diagramas 1 e 2, o posicionamento do corpo humano (melhor representado pela figura do tetraedro devido à sua tridimensionalidade) na área ocupada pelo oponente equivale a ¼ do espaço de toda a área do combate mas tem 100% do valor do mesmo.

O tetraedro também estabelece quatro planos de desequilíbrio e por isso deduzi que esta forma piramidal seria a chave para a revelação das incógnitas mais interiores dos fenômenos naturais do combate. Dentro desta estrutura universal aplicada nesta teoria, seus quatro planos permitem colocar uma de suas faces retangulares com a face de incidência de outros tetraedros, fazendo infinitas combinações em cadeia em todos os planos.
O tetraedro humano é um fractal.*

* Um FRACTAL é um objeto geométrico que pode ser dividido em partes, cada uma das quais idênticas ao objeto original.

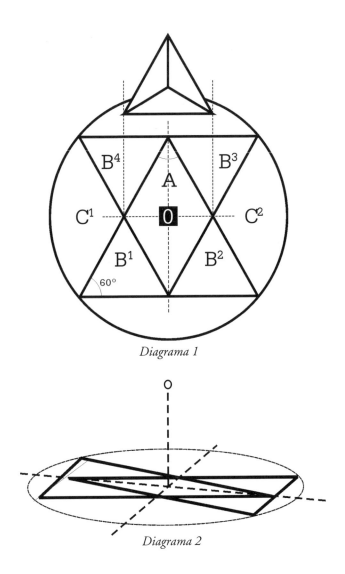

Diagrama 1

Diagrama 2

A METAFÍSICA DO COMBATE

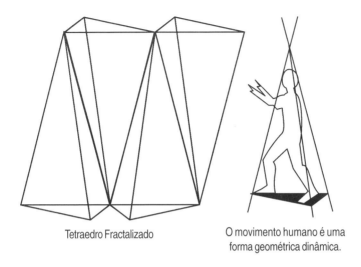

Tetraedro Fractalizado

O movimento humano é uma forma geométrica dinâmica.

Voltando à zona estratégica, as 4 linhas deste losango interno, bem como o ponto central "O" na junção de todos os seus cantos deveriam ter o mesmo valor estratégico mas sabemos que na prática o centro vale mais. Onde está o erro?

O terreno é neutro, mas com a confrontação de duas ou mais forças muda-se a situação. Isto é o caso geral do Universo: coloca-se por exemplo matéria num vácuo e as direções modificam-se até longas distâncias.

Se houvessem somente golpes uniformes e pré-estabelecidos, bem como apenas um único antagonista como é o caso dos esportes marciais, então uma ordem bastaria para orientar o lutador: domínio ofensivo do caos da zona estratégica tanto quanto possível! Sendo, porém, as artes marciais um sistema multifuncional, cada movimento tem recomendação especial fornecendo complexidade ao combate e convém que se observe determinadas regras que logicamente o precedem. Antes de passarmos à elas, pode ser conveniente um aprofundamento nos conceitos geométricos compositores do Espaço-Tempo.

    Morihei Ueshiba, o Fundador do AIKIDO, afirmou certa vez que a melhor forma de explicar sua arte era através das três figuras geométricas básicas:

    O Triângulo, o Quadrado e o Círculo.

    Quando essas figuras se unem a técnica e a forma correta se manifestam naturalmente.

    A seguir alguns enunciados matemáticos auxiliarão na sua compreensão.

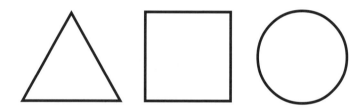

DEDUÇÕES DO SISTEMA RETO: O TRIÂNGULO E O QUADRADO

"Em todo triângulo, qualquer que seja o formato, a diferença entre os quadrados de dois de seus lados é igual a diferença dos quadrados das respectivas projeções sobre o terceiro lado."

Não foi ao acaso que Pitágoras desenvolveu o assunto há mais de 2.400 anos e criou seu teorema somente estudando as medidas das áreas triangulares, lançando as bases do ramo matemático da Trigonometria.

Cientes disso, qualquer triângulo retângulo tem um lado, um ângulo e uma projeção igual a um determinado triângulo qualquer. Isto é importante, pois ao visualizarmos tridimensionalmente o tetraedro, uma pirâmide com quatro lados, teremos em cada plano um triângulo e em cada vértice uma cunha.

Aplicando esta imagem ao corpo humano, teremos sua base triangular (se com um dos pés a frente) ou retangular (se estiver com pés paralelos), interferindo minimamente na estabilidade do tetraedro.

DEDUÇÕES DO SISTEMA CURVO

A medida mais genérica em uma circunferência é o raio, cujo valor é sempre em relação direta com o lado de um quadrado circunscrito e equivale exatamente a metade dele. Para facilitar o estudo do círculo, trocaremos a forma geométrica completa pela sua metade, assim teremos um lado reto e um curvo para analisarmos.

A melhor constante entre o sistema reto e o curvo é o resultado de uma divisão da metade do raio mais um dividido pelo próprio raio (1/2R + 1) / R. A constante que forma o Pi é originada nesta figura interna perfeita e não da circunferência, quando colocamos um quadrado entre os quatro círculos, dividindo-os em ¼ (confira no diagrama 3).

Outras equações podem ser montadas sem necessidade do Pi, e isto é tarefa para acadêmicos que gostam do assunto e queiram aperfeiçoar estes enunciados.

Como associamos um quadrado com o círculo, só falta relacionar o triângulo. Considerando aquele um quarto de circunferência, visualizaremos um triângulo composto de duas retas e uma curva.

Assim, a área de uma circunferência tem que ser igual a quatro áreas do triângulo: 4 X (base vezes raio dividido por dois).

Na contramão das análises convencionais, uma circunferência vem sendo considerada uma figura geométrica completa. Contudo, a figura geométrica aqui utilizada é um triângulo.

Por isso, no cálculo da área do círculo, multiplicamos o resultado por 4 para acharmos o perímetro do disco.

Em toda circunferência inscrita em uma figura quadrada, dado um triângulo inscrito na metade do disco, a diferença do quadrado dos seus lados é igual a diferença dos quadrados dos lados dos triângulos inversos formados sob os lados da figura quadrada.

Uma observação sobre os triângulos é que eles podem ser divididos em três triângulos (um de base e dois iguais). Decorre disso a importância da base triangular e sua versatilidade em incorporar o quadrado e o círculo na sua movimentação, ora em ziguezagues ora em curvas. Outra particularidade da associação destas três figuras é que elas dão origem a uma figura interna perfeita, que pode ser chamada de *"Losango Curvo"* (diagrama 3), na verdade um círculo aberto, seccionado em quatro partes iguais.

 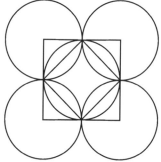

Diagrama 3 – O LOSANGO CURVO.
Dessa figura saiu uma constante originada da divisão da metade do raio, mais um, valor que dividido pelo raio dá uma constante direta, inteligível para os cientistas dos números. Este losango de lados curvos também equivale à área da zona estratégica.

Mas, afinal, qual a relação destas três figuras com o AIKIDO e as outras artes marciais?

Em termos técnicos e simplificados, descobrimos que para deslocar alguém de seu perímetro basta movermos o centro de seu círculo utilizando o raio de acesso mais fácil até ele, e para deslocar vários círculos (vários oponentes) podemos usar o centro de um para afetar o dos demais.

Para o MAAI, esta pesquisa ampliou seu poder para ser aplicado nas técnicas, com a base do corpo triangular, entrando na área do atacante, combinando os dois triângulos e gerando um quadrado que por sua vez é rotacionado e transforma-se em um círculo. Se nenhuma força bruta for adicionada, o quadrado tende a estabilizar-se e, se mantiver a INÉRCIA*, ele gira e pode fazer um movimento de translação igual ao de um pião.

* Enfatizo o termo "inércia" porque, de acordo com os físicos, força "centrífuga" é um fantasma criado pelos engenheiros.

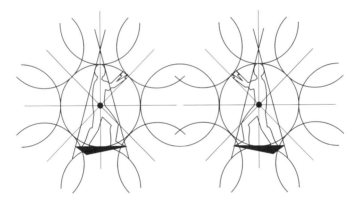

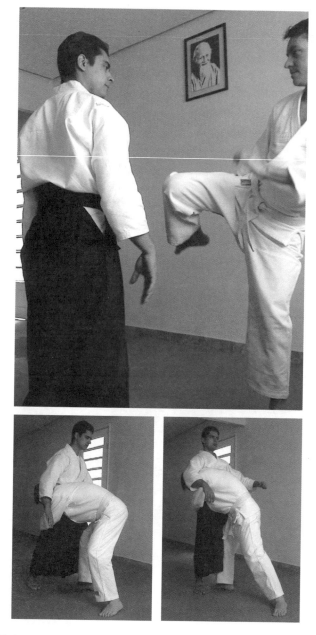

Movimente-se sem perder a estabilidade; estabilize-se sem perder a mobilidade.

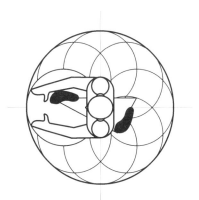

Transpondo a questão anterior para o cenário da nossa existência, deste estudo podemos simplesmente, somente usando o raciocínio, pressupor que o nosso universo é constituído de esferas, de bolhas dentro de bolhas, ovos invisíveis como nossa aura energética, provavelmente maleáveis e flácidas, sempre pressionando uma às outras, talvez formadas por material gasoso que não se misturam, mas eternamente interagindo entre si, se empurrando e pressionando uma às outras, deslizando e formando uma constante pressão conhecida por "Gravidade".

Por isso, o Universo tem que ser tanto plano quanto curvo, ora de curvatura convexa, ora côncava, ora amorfa, mas dificilmente retilíneo, sempre equilibrado sobre pressão. Assim, na atmosfera terrestre, em nossa biosfera, pode estar o centro inteligente deste Universo.

Como corpos esféricos, a Terra e os demais planetas formam ou empurram a bolha do Sol, analogamente a duas peças magnetizadas que se repelem.

Na realidade, nosso globo e o dos que nos circundam, viajam pelo espaço sempre empurrando e sendo empurrados, pressionando e pressionados, atraindo outros corpos ao longo de suas órbitas, criando e preenchendo vazios, dando continuidade à vida sempre em expansão. Quando a pressão sobre determinado ponto encontrado na área do Losango Curvo exerce demasiada

fricção, pode ser que esta esfera não seja sólida, mas apenas a convergência da pressão formando Luz.
Onde há luz há vida.

A rigor, vida é a capacidade que um corpo tem de produzir alimento para seu sustento, utilizando qualquer espécie de fonte energética ao seu redor, movimentando-se enquanto repousa. Qualquer corpo, ainda que aparentemente imóvel, detentor do poder de produzir energia para sobreviver está vivo, sustentado por um impulso de permanência.

Volta a frisar: podemos compreender algumas das leis naturais desde que levemos em consideração a miríade de possibilidades criadas a partir de um único elemento.

Entretanto, mesmo sem se aprofundar em qualquer ciência, é possível, mediante o aprimoramento da razão com a prática assídua e devotada, inferir resultados semelhantes.

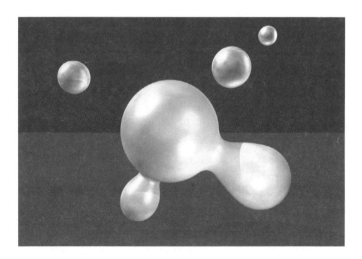

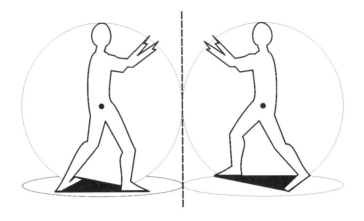

VANTAGENS DA APLICAÇÃO DAS LEIS DO MAAI

Domina o combate quem conseguir, primeiramente, quebrar a defesa do adversário ingressando no centro do seu perímetro de ação, tirando-o desta mesma área ou mantendo a pressão sobre ela.

Não basta mover o corpo para um local seguro. FIQUE NO OLHO DO FURACÃO!

É necessário olhar se há rotas de evasão, do seu ponto novo, senão ficará tolhido e restrito em seu próprio jogo. Estar na zona estratégica sem estar coberto é cair isolado atrás das linhas inimigas.

Porém, ciente da importância de se tomar a iniciativa, providenciar a cobertura da zona estratégica garante a execução da manobra mais apropriada sem ficar vulnerável.

O ideal de um combate é vencer sem sacrifícios pessoais, por isso a ênfase nas esquivas, avanços e flanqueamentos súbitos antes de bloqueios e excesso de técnicas de percussão. Cada golpe é um movimento e cada movimento é um golpe. No AIKIDO não há defesas ensaiadas na ordem de 1, 2, 3. O máximo que o adversário pode fazer é esboçar um ataque e já deverá ser neutralizado. Em suma, as leis do combate estão assentadas no domínio harmonioso da distância nos intervalos de espaço e tempo entre os praticantes.

Dentro do MAAI.

DEAI, o ponto de contato.

BENEFÍCIOS DO DOMÍNIO DO MAAI E AS SUAS REGRAS CRUCIAIS:

1) Cada praticante poderá examinar a reação do atacante objetivamente e por isso ele não está mais sujeito às influências psicológicas. O dilema sobre o que fazer deixa de ser um empecilho já que seu objetivo desde o início está bem definido em sua mente: posicionar-se na zona estratégica enquanto move o adversário para uma zona instável (um canto do ringue ou a periferia do octágono por exemplo).

2) Não é necessário, como mesmo grandes lutadores fazem, muitas horas diárias de treino afim de colecionar técnicas provenientes de várias artes marciais (*crosstraining*) e decorar respostas para determinado ataque tanto em pé quanto no solo. Basta um mínimo de teoria e no máximo 1 hora de prática física diária, treinando com intensidade e segurança.

3) É possível em qualquer ponto do treino constatar o valor de sua posição e verificar pessoalmente seu progresso.

A percepção do melhor ângulo desestabilizador fica mais acentuado ao visualizarmos de forma concreta as linhas de desequilíbrio e a distância de alcance de golpes e entradas nas aberturas de guardas.

4) Entre duas ou mais alternativas convenientes é a zona estratégica que determina qual delas é a melhor.

5) Um análise lúcida de uma técnica levando-se em conta a zona estratégica, será mais rápida e correta, o que não é o caso nas análises de eficiências das técnicas de combate da maioria dos livros e material audiovisual de hoje.

6) A avaliação inteligente de posicionamento e eficácia não depende mais das opiniões de mestres, mas sim do julgamento objetivo do MAAI.

7) Para os primeiros estágios do combate poupa-se muito tempo de ação, porque um movimento de ofensiva ou esquiva no sentido do MAAI é sempre bom. Desse modo não há mais necessidade de cobrir todas as variações possíveis.

8) Não tente abrir caminho à força com as mãos e os pés até a zona estratégica.

9) Não se proteja do que não pode feri-lo.

Desvie os golpes bem rentes ao seu corpo, evite erguer ou baixar muito os braços e movimente globalmente o corpo, sem desestruturar sua forma.

10) Busque o avanço (*Irimi*) e se não puder ocupar a zona estratégica com seu corpo ou deslocar o oponente para a periferia do *Maai*, preencha-a com a sua consciência, com a firme intenção de estar enraizado nela, ou atraia seu oponente, circulando ao seu redor, flanqueando (*Tenkan*) e escolhendo o melhor ângulo de aproximação.

A METAFÍSICA DO COMBATE

O domínio do Princípio Aiki começa pela consciência do MAAI.

O MÉTODO DO AIKIDO

"Aut viam inveniam aut faciam"
Ou encontro um caminho ou abro um.

(frase gravada em um machado romano de guerra)

QUANDO INICIANTE, ao me deparar com as afirmações convictas e poéticas nos livros de *Ô Sensei* Morihei Ueshiba, assistindo em vídeo às suas performances quase sobrenaturais, bem como a de seus alunos mais habilidosos, eu questionava:

"Como alcançar no menor tempo possível um nível marcial que funcione assim? Existirá um "método" de AIKIDO detentor, simultaneamente, de todos esses recursos e outros adicionais?"

Desde então passei a buscar uma metodologia potencial que estivesse mais favorável a assimilar esta teoria, ou melhor, que a pusesse em prática.

Seria uma didática na qual o conhecimento ancestral do combate deveria estar preservado enquanto práxis, um conjunto sintético e interconectado de prática e teoria que pudesse ser produzido e transmitido transculturalmente.

Este sistema deveria ser eclético porque suas raízes estariam impregnadas de um forte sincretismo entre vários elementos marciais espalhados pelo mundo.

Embora este sistema precisasse conter em si os elementos constitutivos de todas estas artes marciais, ele não seria formado pela combinação desses ramos, pois estaria baseado numa tradição bem mais antiga, anterior a eles.

Mas sem estudar o passado e conhecer os modelos básicos das centenas de artes marciais existentes, eu era incapaz de transcender estes paradigmas.

Desde os primórdios das civilizações, o homem vem desenvolvendo técnicas de guerra, com e sem armas, para sobrepujar inimigos, garantir alimento, consolidar território e exercer poder de jugo sobre outros homens e sobre a natureza, ora pela força, ora pelas leis.

No entanto, certos agrupamentos de soldados de elite, altamente experimentados e profundamente desgostosos com os rumos políticos sem sentido que os levavam impiedosamente para as guerras, resolviam separar-se dos demais contingentes e criavam sociedades paramilitares, quase sempre secretas e de conteúdo hermético, associadas com movimentos religiosos.

Exemplos dessa ordem encontram-se em todo o mundo e repetem-se em todas as épocas. Com isso, estas sociedades acabaram se tornando verdadeiras escolas esotéricas, nas quais as técnicas de destruição eram reorientadas para construir um novo Homem, acordando-o para uma existência livre das ilusões, enquanto simultaneamente lhe dariam as condições físicas para perseverar na sua jornada rumo a esta sabedoria de vida.

As premissas básicas dessas escolas eram as seguintes:

1 – O guerreiro deveria empenhar-se na sua busca pelo autoconhecimento e não poupar esforços para alcançar seu objetivo, sempre lembrando-se de sua verdadeira missão no processo de evolução.

2 – O guerreiro deveria ser extremamente fiel e disciplinado, solidário com os demais membros da sua fraternidade na busca e obediente a todas as ordens do seu superior, normalmente um mestre que tenha alcançado anteriormente certo domínio emocional.

3 – O guerreiro deveria trabalhar sobre si mesmo, mas paralelamente deveria também trabalhar em prol da

escola, do seu mestre e dos demais companheiros. Seu desenvolvimento estaria, pois, intrinsecamente vinculado ao desenvolvimento destes demais componentes e seria impossível evoluir se qualquer outro destes ramos estagnasse.

Sobre esses fundamentos, o discípulo seria capaz de, mediante esforços físicos e intelectuais, atingir um patamar de consciência acima da média e daí para frente crescer cada vez mais, enquanto tivesse saúde e percepção de si mesmo em perfeito equilíbrio.

Outros pesquisadores alegam que as artes marciais têm uma história de mais de três mil anos e que se tornaram bastante populares na Índia, sendo tão antigas quanto as mais velhas civilizações. Outros dizem que, julgando-se por achados arqueológicos, as artes marciais têm uma história de sete mil anos e remontam à Mesopotâmia.

Até este ponto, todas as artes de guerra que se transformaram em caminhos de vida na China e no Japão, tinham um aspecto em comum: eram matérias de desenvolvimento holístico do ser humano.

Nestas escolas, cada uma rica em métodos próprios para alavancar o desenvolvimento da consciência humana, os diversos aspirantes podiam requisitar seu ingresso em uma de suas confrarias e, uma vez aceitos, serem iniciados no "caminho". Em toda a disciplina é fator comum.

Em algumas escolas o trabalho inicia-se pelo corpo, passa pelas emoções até integrar a mente em um conjunto inseparável, revelando finalmente o vazio do ser, no sentido de que esta qualidade seria nosso maior manancial de poder para despertar a verdadeira essência.

Em outras o homem procura reintegrar-se ao Todo e se tornar Um, e também inicia-se pelo corpo, buscando conectar-se à Suprema Energia Vital sem sofrimentos e privações. Desdenham o intelectualismo e prezam a vida natural, livre e espontânea e toda a sua conduta parte desta liberdade do Ser. A emoção e o intelecto têm também sua função, mas o desprendimento é a tônica destas escolas.

Algumas partem do treinamento da mente para formar um ser humano solidário, sociável e útil à comunidade, com ênfase na moral e nas virtudes cultivadas. Este caminho requer um constante estudo acadêmico de diversas matérias.

Uma pessoa fortalecida no treinamento destas escolas, em geral deveria ter um comportamento mais sereno porque confiaria em sua força interior, no controle das suas emoções e não precisaria se auto-afirmar com autoritarismos e competições de ego como outro que se sente ameaçado e inferiorizado.

Mas tudo que vi nas artes clássicas foram pessoas se enganando e enganando os outros, vivendo na ilusão dos mitos e dos paradigmas herdados dos seus antecessores.

Mas, por que aprender justamente o AIKIDO?

Porque com a integração das manobras de mãos vazias utilizadas com sucesso nas guerras, o AIKIDO consolidou um currículo de treinamento ainda mais letal e versátil, totalmente orientado para um contra-ataque relâmpago sem bloqueios.

SHIME WAZA, manobra de estrangulamento.

O ARSENAL

As manobras técnicas utilizadas no AIKIDO são simples e intuitivas, de fácil aprendizagem e rápida aplicação. Além das combinações de golpes em diversos ângulos, envolvem o emprego de rolamentos, quedas, torções, arremessos e estrangulamentos, contra um ou vários adversários, sempre de forma inesperada, sutil, fluída e seqüencial.

O objetivo é interceptar instantaneamente o ataque antes que ele se concretize.

O corpo a corpo tanto em pé quanto sentado e deitado (em desvantagem), desarme de armas brancas e de fogo, defesa contra cães e multidão, bem como improviso de armas (cintos, chaveiros, canetas, cartões de crédito, jornais, etc.) e luta em espaço confinado (carro, elevador, corredor, etc.) já foram praticados pelos mestres antigos. O uso de bastões, correntes, cordas e lâminas seguem os mesmos princípios táticos do punho e as linhas de energia dos movimentos elípticos do AIKIDO, sempre exploram a fragilidade da anatomia humana e dos seus pontos vitais.

Só apare um chute dentro da zona estratégica do Maai.

As chaves e torções nas articulações: o "jitsu" das manobras.

A descontração no treinamento reduz o risco de lesões
e facilita o aprendizado das sutilezas do Aiki.

A DIDÁTICA

O aikidoka é incentivado a desenvolver ao máximo as suas próprias habilidades de acordo com as suas necessidades (civil ou militar, esportivas, marciais, etc.), personalidade, sexo, idade e biotipo. Aprenderá a usar suas reações instintivas, estresse e tensão a seu favor, aproveitando as características do ambiente, a descarga de adrenalina e os movimentos naturais e espontâneos de sobrevivência pré-programados do corpo. Seus limites e seu estado de alerta serão testados, ampliando a sua força explosiva, velocidade, equilíbrio e precisão a cada sessão de treinamento.

O aprimoramento gradual de seus reflexos, da sua percepção sensorial, do uso do seu peso, das alavancas e das suas armas corporais, o deixarão preparado para um confronto brutal onde não existem regras. Porém, tudo dentro de um processo racional de fortalecimento interno onde a sua segurança e a sua saúde são respeitadas. Este aperfeiçoamento psicomotor também minimiza os acidentes e as situações de risco comuns no seu dia-a-dia, gerando a agilidade, a autoconfiança e o espírito combativo dos verdadeiros artistas marciais.

Algumas variações nas técnicas-base.

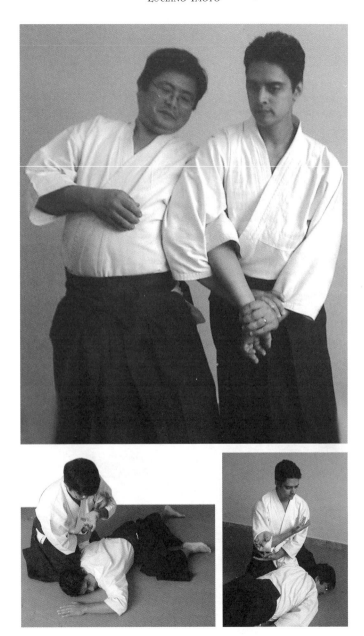

Exemplos de manobras de condução e imobilização no solo.

A PRÁTICA

No Dojo AHCAM as classes são constituídas de turmas pequenas e selecionadas. As aulas são isentas de técnicas complicadas, repetitivas e sem sentido prático. Você só irá treinar o que é REALMENTE eficaz diante de uma agressão física de verdade! Os exercícios de condicionamento e alongamento bem como as manobras de contato e de esquivas do AIKIDO são criativos, lúdicos e espontâneos, ao mesmo tempo em que são desafiadores, lógicos e coerentes como uma ciência exata. Cultivam a flexibilidade da coluna e das articulações, aumentam o poder da respiração, do relaxamento e do raciocínio seguindo as leis da Biomecânica, da Física, das Estratégias de Guerrilha e da Psicologia de Sobrevivência (energia psíquica, sugestão, controle do caos, da dor e do medo).

Uma aula deve durar no máximo 120 minutos para um melhor aproveitamento, uma vez que um corpo fatigado está sujeito a lesões por *"overtraining"*.

Após cada ciclo de treinamento (aproximadamente três ou cinco dias seguidos), descanse dois dias e reinicie sempre com mais intensidade (sem perder de vista a sua segurança e a dos seus parceiros). Este esquema sobrecarrega o seu organismo sem exceder o período de repouso, e a cada retorno o seu corpo e a sua mente estarão ainda mais adaptados ao rigor do treinamento (*Shugyo*).

Divida o programa original em vários módulos ao longo da semana para facilitar o aprofundamento em cada um.

Seria interessante anotar em uma agenda ou diário as dificuldades e dúvidas encontradas no decorrer de um mês e aproveitar para encontrar um padrão no seu biorritmo.

Amostra de diário das aulas

Dia da semana: _____
Horário da aula: _____
Tempo de duração da aula: _____
Instrutor responsável: _____
Quantidade de praticantes: _____
Com quais praticantes treinou: _____
Descrever seqüência de treinamento, numerando por itens. Exemplo:
Item I - meditação, item II - aquecimento, item III - rolamentos, item IV - esquivas e passos, item V - manobras técnicas - Item VI - dicas (kuden) etc.
O que não compreendeu na aula: _____
O que aprendeu na aula: _____
Em quais técnicas teve dificuldade: _____
Em quais técnicas teve facilidade: _____
Quantas vezes foi Uke (atacante) e Nague (defensor): ___
Outras observações gerais: _____

"Enraizado como a Árvore, Suave como a Névoa"
DAISHIZEN, o conceito de Natureza do Aikido, equivale à perfeição sem esforço, SHIBUMI, buscada por todo praticante de artes marciais nos níveis mais avançados.

SHIBUMI SIMPLICIDADE EXTREMA

A PRÁTICA DO AIKIDO não é um fim em si mesmo, mas um meio para produzir uma disciplina mental, uma habilidade cognitiva e cinestésica que poderá ser aplicada a toda e qualquer meta visada pelo praticante, atingindo suas aspirações e cumprindo sua missão, exercendo com o máximo poder os seus talentos naturais. Como é um poder neutro, o AIKIDO foi e poderá ser utilizado para propósitos de naturezas diversas. Decorre desta sua característica a necessidade crucial de divulgá-la corretamente, sem perder de vista sua função original: preservar a vida.

Neste novo milênio, a exemplo de outros professores sérios e comprometidos com suas artes, fundei uma associação de amigos criada unicamente para darmos prosseguimento ao cultivo das artes marciais em nossas vidas.

Um praticante jamais deve se tornar um clone de seu instrutor plagiando seus maneirismos e repetindo indefinidamente suas técnicas. Como um aprendiz de artesão, ele gradualmente deverá adaptar o estilo pessoal do professor para conformar-se às suas características próprias como biotipo, personalidade, habilidades inatas e limitações.

Esse respeito tolerante pela liberdade do praticante tem sido uma das mais cativantes qualidades do AIKIDO, pois vai de encontro às aspirações das pessoas e responde positivamente às reinvindicações dos adeptos de outras artes marciais restritivas que estão insatisfeitos e frustrados com a incongruência entre forma e função do que estão aprendendo.

Sob esta inspiração, ao longo dos últimos 20 anos, desenvolvi um sistema próprio de ensino essencialmente híbrido e transcultural. Esta escola de AIKIDO recupera um diferencial básico inédito neste "exótico" mundo das artes marciais: o uso da "energia psíquica" antes da dependência da força muscular e do movimento.

No AIKIDO demonstrado pelo mestre Ueshiba, não havia técnicas coreografadas do tipo *Kata*, somente manobras livres e espontâneas do corpo, nem sempre vistas exteriormente por se tratarem de movimentos internos improvisados e por isso totalmente inesperados.

Mas, quais artes marciais ou mestres me motivaram a idealizar esta nova forma de se treinar o AIKIDO?

O sorriso espontâneo e cativante do fundador era uma das suas técnicas mais poderosas.

O motivo maior foi a Paixão, a grande mãe das invenções. Sem a paixão de criar, um dom universal dos seres humanos, ainda estaríamos na Idade da Pedra, satisfeitos com a Lei da Selva.

Após quase duas décadas de treinamento e estudo intensivo nas mais diversas artes, sistemas e estilos de combate, constatei inúmeras irregularidades e desvios no caminho e sem esperar atingir meio século para confirmar o diagnóstico inicial, felizmente encontrei outras pessoas com o mesmo ideal que só haviam atingido um nível extraordinário de habilidade quando transcenderam certos mitos e paradigmas.

Abri mão de antigos conceitos e técnicas que só serviam em recinto fechado e com a cooperação dos praticantes, parti para uma metodologia de prática e de ensino que produzisse resultados rapidamente e com segurança. O surgimento dos combates entre artes marciais mistas no *UFC*, *Pride* e outros tipos de "vale-tudo" serviram para comprovar minha descrença no treinamento atual das pseudo-artes marciais.

Por isso as minhas aulas são lúdicas e descontraídas, mas intensas e planejadas, sem a competição e a rigidez das escolas de luta. Só com esses ingredientes o praticante já acelera seu aprendizado em vários anos.

Oferecer liberdade de ação e de pensamento foi o primeiro passo para chegar ao conceito do AIKIDO na busca por naturalidade e espontaneidade marcial. O resto foi a confirmação dos princípios e conceitos oriundos das várias artes marciais que pratiquei e pesquisei.

Também mantive por vários anos uma prática particular de *Boxe Interno Chinês*. Esta mesclagem de princípios e técnicas diferentes de treinamento em um só sistema teve grande influência na esquematização do método de ensino do AIKIDO de nossa escola.

Graças ao treinamento de estilos raros do *kung-fu* interno (*Nei Chia*) e do *Kempo* japonês, coloquei à disposição dos meus companheiros de treinamento uma tradição de sucesso com mais de cinco mil anos, aliando o moderno ao tradicional.

No Dojo AHCAM temos um ambiente informal, apesar de hermético. Nossa infra-estrutura atende os requisitos de segurança de uma academia e nossos instrutores prezam acima de tudo a integridade física e moral dos associados. Marcialmente falando, nosso objetivo é lhe fornecer um conhecimento que ninguém poderá tirar de você e, com isso, dar-lhe uma chance de se proteger com sucesso em uma situação de emergência.

Para responder outras perguntas e/ou sanar dúvidas à respeito de alguma destas questões anteriores, sinta-se a vontade para nos procurar e solicitar maiores informações. O ideal seria agendar e praticar uma aula inaugural e aproveitar esta experiência em primeira mão. Assim, você irá ampliar sua visão sobre o que o AIKIDO pode lhe oferecer de concreto.

Normalmente uma escola de resgate de valores tem dois modelos de líderes dirigentes:

Técnica de arremesso com queda no piso sem tatame.

Chute circular no saco de pancadas.

1 – O tipo que conciliou o que sabe com o que é. Os grão-mestres das artes marciais são os melhores exemplos para definir esta classe de professores e o seu poder transformador. São avaliados não pela quantidade de alunos que têm mas pela qualidade dos seus frutos.

2 – O tipo que já adquiriu conhecimento e habilidade acima de média mas sente que ainda falta algo para atingir a maestria. Este instrutor só se torna prejudicial quando supõe pertencer ao primeiro tipo. Ao situar-se corretamente, é um excelente técnico e conselheiro capaz de instruir e proporcionar um ambiente de evolução para seus amigos e simultaneamente integrar o Ser com o Sa-

ber, porque enquanto pesquisa e treina irá consolidar e transcender o que sabe e intui.

A seguir confira um breve resumo das vantagens de se adotar o AIKIDO como seu sistema de arte marcial, cultivo de energia e autoconhecimento.

1 – O TREINAMENTO É SIMPLES E FÁCIL DE APRENDER.

O AIKIDO é como a valsa, há somente uns poucos movimentos de rápida absorção. E, como a valsa, existem centenas de variações derivadas dos seus movimentos básicos e suas aplicações são incontáveis. Graças a este pragmatismo, é muito indicado para iniciantes que estão interessados em aprender uma arte marcial completa e eficiente. Também, por causa da sua multifuncionalidade e infinitas variações, após a maestria dos movimentos e exercícios básicos, o AIKIDO pode ser usado como uma "segunda opção" por aqueles que já estão comprometidos com outras artes marciais.

Recomendo que o leitor veja o AIKIDO como uma estratégia mais do que um estilo.

No jogo de xadrez, por analogia, milhares de mestres ao longo de sua história desenvolveram famosas teses e táticas de defesa e ataque, abertura, meio e fim de jogo baseados no Jogo de Damas e no Gô (xadrez chinês), e nem por isso as partidas deixaram de seguir a milenar regra enxadrística do XEQUE-MATE...

2 – A TEORIA FUNDAMENTAL E OS PRINCÍPIOS REGENTES DOS MÉTODOS DE TREINAMENTO DO AIKIDO SÃO FÁCEIS DE ENTENDER.

Mais uma vez é ideal para o leigo ter desde o início uma compreensão firme dos objetivos da autodefesa. Na maioria das artes marciais é preciso praticar por muitos anos antes de se obter a compreensão do estilo, soterrado por secretismos, acúmulo de técnicas e conceitos alienantes (aperfeiçoamentos sem fim de "*Kata*" e seqüências ensaiadas tipos 1, 2, 3). Estas artes marciais propositalmente "difíceis" acarretam lesões, gasto inútil de tempo e economias financeiras, induzem a competição e ao servilismo na relação com os mestres e os demais alunos e só atrasam a verdadeira compreensão da arte original. Com o treinamento progressivo o praticante percebe a íntima ligação entre saúde e arte marcial. Como a equação da energia na Física, o AIKIDO parece simples, todavia suas derivações são profundas e variadas e é sempre um prazer estudar a síntese de seus elementos. Para um aikidoka, Energia = Aceleração da Consciência!

3 – O AIKIDO PRESERVA E AUMENTA A SAÚDE DO CORPO ACIMA DE TUDO.

Do ponto de vista da saúde, os movimentos do AIKIDO são desenhados para fortalecer os órgãos internos do corpo, remover e reciclar a energia estagnada, melhorar a circulação sanguínea e construir um corpo flexível, fortalecendo os ossos e tendões, tonificando a musculatura, dando agilidade e destreza em todos os membros. Como não sobrecarrega o músculo cardíaco e mantém estável a respiração impedindo a liberação dos radicais livres, sua prática segura e racional retarda o envelhecimento precoce típico dos atletas e reduz o risco de lesões e acidentes no treinamento.

4 – A MAIS PROFUNDA VANTAGEM MARCIAL DA PRÁTICA ASSÍDUA DO AIKIDO PROVAVELMENTE É A SUA ÊNFASE NA REALIDADE NUA E CRUA DE UM COMBATE, ADOTANDO UMA ESTRATÉGIA DE GUERRILHA-RELÂMPAGO.

As manobras do AIKIDO são devastadoras contudo o praticante aprende a não se identificar com a violência e evitar as emoções negativas. Aprender essas habilidades não significa que você tenha de usá-las. Como não há competição, combate truculento e qualquer abuso do arsenal técnico, os praticantes interagem nos treinamentos, exercitando com descontração, segurança e respeito entre seus parceiros. Enquanto treina a coragem e refina seu poder, o AIKIDO fornece uma filosofia pacificadora e ordenada. O seu treino contínuo deixa o praticante mentalmente bravo e confiante, habilitando-o a vencer seus desafios na vida. Será poderoso, mas gentil, e manterá a calma e a paz diante de toda sorte de conflitos. O AIKIDO agradará os indivíduos ativos, realizadores, originais, criativos e de mente aberta. Para a sua transmissão nas aulas, as teses e exemplos de manobras e golpes ajudarão bastante, simplificando e acelerando a aprendizagem do praticante e pouparão um tempo precioso do treinamento regular, habitualmente gasto com descrições e instruções repetitivas. Os princípios embutidos nestas diretrizes servem como um atalho para a maestria e o autoconhecimento quando temos que cobrir uma grande distância em pouco tempo.

    O AIKIDO difere dos demais estilos de treinamento em sua metodologia transcultural e heterodoxa, estritamente prático e constantemente atualizado, adotando o universalismo como recurso didático em contraste com a arraigada tradição oriental de secretismo e hierarquização extrema. Seus fundamentos e objetivos são revelados desde o início das aulas e o praticante já começa a partir do nível dos mestres, mesmo que ainda não tenha descoberto a fonte de seu poder interior.

    O AIKIDO baseia-se em uma nova abordagem do sistema nervoso humano. Suas técnicas, golpes e manobras são curvas traçadas sob as linhas de força de um círculo imensurável e de tangente infinita. Qualquer local neste trajeto pode ser o núcleo de uma esfera cujo modelo equivalente deveria encontrar-se aglutinado em nosso interior na região do tronco entre o baixo ventre e o plexo solar.

Para tornar o AIKIDO inteligível ao público, precisei reordená-lo, como faria um arqueólogo com os fragmentos encontrados nas suas escavações. A sua característica é a prática composta de movimentos e posturas modeladas em sessões de treinamento totalmente não-convencionais e randômicas (não repetitivas).

O AIKIDO auxilia o praticante com inovadoras diretrizes gerais de consulta e resolução de dilemas técnicos. Suas manobras marciais são circulares e se parecem a uma dança livre composta de movimentos elásticos e poderosos. Sempre espontâneas e criativas, as técnicas do AIKIDO desenvolvem a coordenação, o equilíbrio, a sensibilidade e a força de explosão do praticante. Pregam o uso total do corpo unificado e seguem princípios de plena adesão no contato com o atacante, evitando qualquer tipo de bloqueio defensivo anti natural, movimentos truculentos e posturas mantidas sob tensão. Estas manobras técnicas são desenhadas para neutralizar a agressão de qualquer oponente, mas primam pela graça, beleza e versatilidade de sua movimentação quase hipnótica. Mediante exercícios racionais com ênfase na suavidade, propiciam uma prática segura, com resultados impressionantes a médio prazo.

  O problema encontrado na introdução desta arte no Ocidente foi a dificuldade de extrair da literatura e da prática tradicional o significado das artes marciais à mãos nuas para a nossa época atribulada. Com sua essência não-recuperada, perdida em doutrinas e usos deturpados no passado, as artes marciais tradicionais correm o risco de se perder em um emaranhado lucrativo de rede de academias franqueadas e disputas políticas. O AIKIDO poderia também não se adaptar e permanecer amplamente não-interpretado nesta sociedade utilitária que criamos, por não se ajustar ao estilo e aos dilemas de nossas próprias vidas ou por não se adequar às nossas situações, aspirações e buscas equivocadas da plenitude materialista.

Apesar disso procurei me encorajar e não desistir desta apresentação, pois sem recuperar os segredos que os seres humanos extraíram do cultivo das artes marciais no passado, nunca seremos capazes de fazê-las progredir; e sem abri-las para uma nova interpretação e expansão, elas nunca terão sentido nem oportunidade de inovar nossas vidas.

O ecletismo e o universalismo do AIKIDO é que permitem sua convivência com as diversas artes marciais espalhadas e divulgadas no mundo, sendo ao mesmo tempo fonte de criação e recriação da ambientação adequada para evoluir. Seguindo esta linha, procurei analisar e traçar paralelos subjetivos com os conjuntos de artes marciais mais conhecidos, comparando-os com as várias concepções do AIKIDO, enfatizando seus aspectos relevantes e reconhecendo suas qualidades onde antes imperavam somente diferenças superficiais de forma e conteúdo.

Sem aprisionar-se em uma só moldura cultural, filosófica e técnica, o AIKIDO abarca tudo e nada exclui. A multipluralidade do seu aprendizado, com plena liberdade de mutação, variando constantemente seus métodos de treinamento, estimula a criatividade do praticante, evitando hábitos e gerando um processo de evolução proporcional ao seu engajamento na prática.

Não há nenhuma forma fixa dentro do AIKIDO.

Apesar de apresentar alguns modelos padronizados de defesa e ataque nas aulas eles são só exemplos possíveis extraídos da observação de inúmeros combates e batalhas antigas.

Praticar para aperfeiçoar a postura e o andar constitui a base do treinamento. Quando uma pessoa entra em contato com um oponente, seu corpo deve se mover com liberdade completa. Forçar as pessoas grandes e pequenas a praticar as mesmas formas não tem sentido. E ainda por cima, atenção em excesso nas formas só mata a liberdade de movimento.

O AIKIDO permite a cada indivíduo usar os seus próprios movimentos naturais.

SHIZENTAI – a postura ereta mais natural do corpo humano.

Um dos pontos importantes no AIKIDO, e pouco estudado nas academias, é treinar a disassociação das partes do corpo; os braços devem ser treinados para agir sozinhos. O mesmo vale para as pernas. Isto está conectado com a ausência de formas fixas e padronizadas. Não há posições de direita ou posições de esquerda, nem atitude de agressão. As mãos abertas e o corpo ereto são antenas constantemente sensíveis para sua proteção. Os quadris estão firmemente ancorados e isso lhes provêem estabilidade. Às vezes nós empregamos a elevação e o abaixamento dos quadris, mas isto é por causa da flexibilidade que deve ser desenvolvida. Elas não são nenhuma técnica de quadril definida, porque uma pessoa cujo corpo é treinado e flexível pode usar os quadris da forma que precisar para deslocar seu eixo sem se desestruturar. Geralmente, os passos praticados no AIKIDO são pequenos e rápidos e os pés e as pernas ficam próximos entre si.

A interceptação do ataque constitui todo o trabalho de mão dentro do AIKIDO. Por isso existem basicamente somente duas técnicas para as mãos. Na primeira, a pessoa usa o lado de dentro do braço para desviar o braço do oponente e puxá-lo. Na segunda, a pessoa usa o lado de fora do braço para aparar as técnicas do oponente. É importante saber mover-se com espontaneidade de uma para a outra.

Por causa disso, assumo que a palavra "braço" significa toda a anatomia da escápula e do ombro até as pontas do dedos. Quando uma pessoa está em pé seu braço se moverá como a antena de um inseto. Não importa se irá se defender com o lado interno ou com o lado externo desta antena, seu movimento será determinado de acordo com os ataques opostos. O braço deve agir independentemente; a defesa não é uma questão de visão ou pensamento. É importante se lembrar que, quando a mão direita sobe ou abaixa, a mão esquerda tem que se mover junto com ela como reforço adicional. Se, por exemplo, a mão direita for mal sucedida bloqueando o ataque do oponente, a mão esquerda deve estar pronta para substituí-la.

Claro que o corpo inteiro deve responder aos movimentos deste braço-antena. Se o braço abaixar, os quadris devem se abaixar simultaneamente. Se os braços avançarem, os quadris também têm que avançar. Facilitar o movimento do corpo para seguir o movimento do braço aumentará em muito o seu poder.

Todas as pessoas que praticam o AIKIDO devem enfatizar constantemente este uso característico do corpo em seu treinamento regular.

3º Princípio (Sankyo) – variação (henka waza) de "yubi tori".

Treinamento do poder de contraste entre cheio e vazio, negativo e positivo, Yin e Yang (Kokyu).

AIKI
CONTATO
UNIFICADOR

A ATENÇÃO SEM ESFORÇO traz a harmonia de forças entre o espaço e o tempo nas estratégias e táticas do AIKIDO. Este poder não se resume na diferença entre o perto e o longe, o rápido e o lento, o forte e o fraco. Ver através de todas as condições de mudança, não permitir que o adversário tome a iniciativa, manter sempre a vantagem e conduzir a luta são pontos fundamentais na vida.

Atualmente há uma tendência crescente na didática do AIKIDO em se relacionar o movimento de mãos vazias com o uso de armas brancas e de fogo, ilustrando os princípios mediante o uso de espadas, facas, bastões, pistolas e rifles com baioneta. Mas até hoje se observa que os sistemas conhecidos se contrariam, se bem que o uso de cada uma dessas modalidades por si só seja correto, desde que seja aprofundado.

Como o principiante poderia aprender diante de tantas influências conflitantes?

Considero o *crosstraining* um erro pois o praticante precisará adaptar cada arte praticada para satisfazer os requisitos necessários de um combate e com isso se ilude fazendo uma salada de golpes fora de contexto.

Já no sistema interno do AIKIDO, qualquer artista marcial terá a possibilidade de calcular o valor do seu movimento e de seu progresso técnico e também os do seu adversário, assim nem um veterano será capaz de blefá-lo.

O AIKIDO é um "metassistema" de desenho inteligente, simples e funcional e por isso ensina uma grande finalidade técnica:

A CONQUISTA COMPLETA DO ESPAÇO-TEMPO NA ÁREA CIRCULAR TOTAL DA ZONA ESTRATÉGICA DO SEU MAAI!

Este círculo imaginário representa bidimensionalmente uma esfera. Esta forma geométrica é a *Estrela Polar*, o ponto fixo e o princípio criador em torno do qual gravitam todos os demais conceitos e sistemas de combate. É a forma que a natureza encontrou para compactar o maior volume possível de energia na menor área (nos átomos, nas células, nas bolhas e nos planetas, etc.).

O AIKIDO parte da percepção deste ponto.

Assim, além dos aspectos positivos e negativos sempre presentes nos fenômenos cíclicos e relativos da natureza há um processo eqüalizador chamada "Aiki", que tanto divorcia quanto une a matéria com a energia. Esta força eletromagnética que todos os corpos possuem numa dança de atração e repulsão entre as polaridades, é a cola fundamental presente no Universo.

O domínio desta habilidade, capaz tanto de combinar, aglutinar e de dissipar outras forças contém modelos formais de manipulação das poderosas vibrações inseridas no círculo.

Na expectativa de treinar todas as milhares de técnicas circulares possíveis, os praticantes modernos se arriscaram a analisá-las superficialmente, isoladas de seu contexto marcial ao enfatizar técnicas padronizadas e limitadas.

Felizmente o atraso foi recuperado e as lacunas se preencheram. Existe agora uma quantidade suficiente de textos, descrições e imagens para que se possa falar de um estudo inovador, essencialmente prático e técnico conforme exposto nesta obra.

Suari Waza Kokyu Ho
Um excelente exercício para se testar o poder do Aiki.

DIAGRAMA HIERÁRQUICO

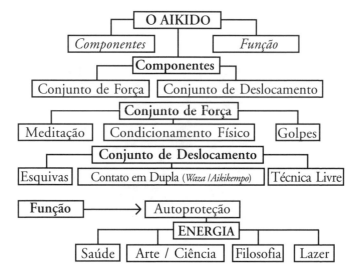

Note-se que o número de subdivisões e de entradas vai aumentando até que se obtém uma verdadeira árvore.

Enquanto dividia o AIKIDO em partes cada vez menores, eu estava construindo uma estrutura e gerando um sistema, igual aos que existem nos aparelhos mecânicos, nos programas de computador e em todo conhecimento científico e tecnológico onde essa hierarquização é quase sagrada.

Neste ponto o AIKIDO é um grande sistema de idéias revolucionárias sobre a realidade do combate e prática não-ortodoxa de manobras corporais moldado em uma "metodologia" meditativa. Nele não há técnicas ou exercícios que não sejam fruto do pensamento organizador de alguém que sobreviveu a um confronto. Aqueles que nunca lutaram de verdade têm dificuldade de enxergar que a arte marcial é, antes de mais nada, um duelo mental. Eles associam o combate a determinadas formas – rituais, etiquetas, golpes estilizados, uniformes, acrobacias – todas fixas, estilizadas e invioláveis, encaradas como essencialmente acabadas e imutáveis.

Uma arte marcial não tem forma alguma simplesmente por que um combate real é puro CAOS.

Todavia, até este caos aparente possui uma ordem intrínseca e um diagrama hierárquico próprio. Vence no combate quem não se perde nesta tempestade de ilusões movidas pelo acúmulo de emoções conflitantes. Essa lógica, tanto indutiva quanto dedutiva, comprova que um combate (ou conflito) no ponto de vista do AIKIDO é basicamente um fenômeno mental.

Conclusão: a razão da atual crise de valores nas artes marciais (e na sociedade) pode ser uma má interpretação da realidade e de suas ideologias vigentes. Toda aquela estrutura tradicional das artes marciais, herdada dos séculos passados, já não é mais adequada, e começa a ser encarada como realmente é: emocionalmente falsa, esteticamente inexpressiva, fisicamente danosa e filosoficamente vazia.

Sem a paz de espírito interior, só obtida mediante exercícios específicos sobre a vontade, as artes marciais clássicas continuarão se deteriorando com a perda de foco nos seus componentes e funções originais.

Esta paz interior nos protege do emaranhado das circunstâncias externas. Por isso ela é útil como uma bússola no mar bravio do conflito, seja ele qual for. Esta paz interna pode ser sentida na meditação, em plena batalha ou no esmero do mecânico que elimina até o último milésimo de milímetro de metal excedente.

Somente a calma diligente e a paciência, ou seja a "ciência da paz", traz as soluções e somente a falta dela gera os problemas.

Aprender uma arte marcial é buscar reencontrar esta qualidade intrínseca ao ser, aliás, nossa legítima e original natureza íntima. Para citar alguns exemplos, relembre os momentos de intenso perigo, dos acidentes súbitos e do clímax dos esportes de aventura: estas circunstâncias especiais costumam trazer à tona um estranho "vácuo" no raciocínio. Nestes instantes mágicos temos um vislumbre da paz interior que nos anima secretamente. Quando este intervalo não-racional acaba é que o medo e outras emoções negativas atuam.

Simplificando, viver (e lutar) é estar constantemente colocando nossos relacionamentos e habilidades em manutenção. É necessário aderir aos princípios corretos para que se consiga mediante um treinamento adequado atingir esta meta. Na minha visão, os valores sociais e éticos presentes na sociedade só estarão corretos se os valores individuais também estiverem.

No AIKIDO a amizade se estende além do tatame.

Os políticos, os cientistas e os empresários poderão imaginar maneiras de expandir o destino da humanidade. E quanto mais se fragmentam mais perdem a visão global da Vida.

Para melhorar o mundo, devemos começar pelo nosso coração, nossa cabeça e nossas mãos, e depois partir para o exterior.

TRINDADE TÁTICA

AS REGRAS DO CHOQUE TRAUMÁTICO

SEM GOLPES TRAUMATIZANTES não existem artes marciais.

Será inútil invadir a zona estratégica do Maai apenas dando um passo ou tentar induzir desequilíbrio (kuzushi) manipulando vetores de força, pois um adversário vivo, inteligente e flexível não ficará passivo e cooperativo diante de nossas táticas, planos e movimentos.

Como arte dinâmica, cada ação do AIKIDO é um ataque que atinge inevitavelmente seu alvo, um golpe invisível lançado com a intenção rumo ao centro do adversário.

A fragilidade do corpo humano, em especial a delicada anatomia interna dos órgãos localizados acima da linha do pescoço, torna obsoleto o uso da força bruta e iguala a todos, destronando o poder da couraça muscular.

Cientes disso não devemos nem precisamos nos concentrar em atingir, torcer ou imobilizar partes do corpo de grande sensibilidade em busca de pontos vitais. Antes devemos controlá-lo por inteiro e a melhor estratégia para isso, como caminho preparatório para a tomada da zona principal, é o golpe contundente.

Não há o treinamento daquilo que não pode ser aplicado no combate real.

Normalmente usamos os seguintes golpes no AIKIDO praticados de forma distinta de outras artes marciais como o *Caratê* e o *Kempô*:

1 - Soco de "articulação" com o braço arqueado;
2 - Golpes com o dorso da mão e o pulso dobrado;

3 - Uso da mão aberta com tapas e cutiladas;
4 - Combinações de soco com os ombros;
5 - Pisões, calçamentos e joelhadas no combate próximo.

Estes golpes podem ser paradoxais para os praticantes de outras artes marciais acostumados com os punhos rigidamente fechados e a contração excessiva dos movimentos musculares. Ao contrário destas artes, o AIKIDO gera poder a curta distância, sem impulso prévio, usando a transferência de peso e as forças de torque, com os membros relaxados e em ângulos inusitados, atingindo o adversário em vários locais simultaneamente com um ou vários golpes em série. Este ataque leva para o alvo o peso do corpo, ora com o efeito de uma chicotada, ora como uma mola contida subitamente liberada.

O uso dos ombros relaxados e das escápulas flexíveis é outra particularidade da força dos golpes no AIKIDO. O poder da flexibilidade dos pulsos também é fundamental para a luta armada ou desarmada. Vibrando os braços para frente e para trás, atingi-se constantemente o oponente, aumentando enormemente a variedade de ângulos de ataque e, assim, é capaz de penetrar as defesas e guardas tradicionais.

É interessante comparar os ataques com os cinco principais golpes de um *Kataná* (sabre japonês):

Cortes nas duas diagonais principais, dois golpes em cruz (na vertical e na horizontal) e uma estocada direta em espiral rumo ao centro.

Munido destes cinco golpes básicos, todos os ângulos e pontos podem ser cobertos e atingidos. Substituindo o sabre pela mão, teremos a mesma gama de ataques cortantes e contundentes.

Vale lembrar que, enquanto um sabre tem um gume, a mão inteira tem duas bordas principais. Logo, mãos e antebraços devem ser usados no ataque de varredura junto com o movimento dos pés e deslocamento do tronco e da cabeça, enquanto a lateral dos braços (ou da lâmina) serve para resvalar e defletir os golpes sem danos durante o avanço com desvio da linha do ataque. As palmas também servem para desferir golpes nos recuos com desvios neutralizantes.

Enquanto as artes marciais em geral usam os membros para lançar golpes traumáticos unidirecionais, estas ferramentas são reservadas no AIKIDO como complementos. As mãos, de anatomia sensível e fisiologia frágil, não são projetadas para dilacerar como as garras de uma harpia, ou capazes de socar uma parede sem danificar a pele dos nós dos dedos e os 27 pequenos ossos do metacarpo e das falanges. Mesmo se a custa de um treinamento prejudicial calejarmos suficientemente as mãos e pés e transformá-los em clavas calcificadas imunes à dor, nada garante que conseguiremos fazer bom uso delas em um combate que requer antes de mais nada sensibilidade total e evasivas.

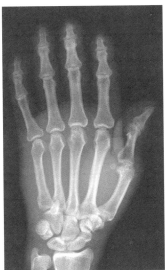
Radiografia da mão.

Devemos usar as mãos seguindo sua função original de unidade motora: expressar emoções e sentimentos, captando e redirecionando forças como sensores de antenas.

Quando interceptamos um golpe, não adianta bloquear e contra-atacar se não anularmos a reação adversária desde o impulso de saída. Mediante a prestidigitação podemos confundir o oponente e desequilibrá-lo com meros desvios e giros de roldana dos pulsos, com as mãos abertas e soltas. Uma pessoa pode ter uma dificuldade com memorização de técnicas e não lembrar o que treinou ontem. Mas se ela aprendeu a bater um prego na parede, não vai esquecer. Você não esquece algo que aprendeu a fazer com o corpo inteiro.

Aos pés cabe a função básica de transportar o corpo e sustentar seu peso. Ao usá-los para chutes acima da linha da cintura, estaremos reduzindo nossa mobilidade uma vez que teremos de estar fixos para lançar um golpe de pernas. Este apoio sobre um dos pés gera automaticamente aberturas na guarda e expõe a zona inferior do corpo. No AIKIDO usamos ofensivamente os pés enquanto andamos, procurando pisar primeiro com a sola inteira do sapato, usando o calcanhar para pisões, enganchando e golpeando com os pés quase rentes ao solo. Os joelhos servem para manipular a base do adversário bloqueando sua locomoção e minando seu equilíbrio. Os chutes podem ser desferidos, mas sempre girando e movendo todo o corpo e nunca como golpes isolados.

Finalmente combinando os membros superiores com os inferiores teremos uma devastadora máquina de ceifar, com uma sinfonia de golpes indefensáveis, atuando em conjunto nos diversos planos espaciais ao redor do aikidoka.

Um praticante deve saber golpear com todas as suas armas usando unhas e dentes se for necessário. Para isso cada instrumento tem de estar ao seu alcance no menor tempo possível, dispostos ordenadamente como os bisturis e tesouras de um cirurgião. Entretanto, o golpe traumatizante do AIKIDO, o *"Atemi"*, vai além do mero dano físico, pois o praticante, enquanto se mantém em constante fluxo de movimento, torna seu corpo inteiro uma espada e como tal seus cortes e estocadas devem ultrapassar as barreiras sem limitar-se a ferir os ossos do oponente, mas também projetá-lo para fora da zona estratégica, liberando seu caminho para sua conseqüente investida.

Mais uma vez, amparados pelo controle do Maai, justificamos o uso do golpe nas várias fases do combate enfatizando sua eficácia para garantir a vantagem de ocuparmos aquela área tão disputada e sua futura manutenção. O praticante deve preferir os golpes com a mão aberta e relaxada, pois o punho fechado e tenso induz à revolta e aos sentimentos agressivos.

Como regra geral, os cortes são melhor direcionados contra vários alvos na trajetória do arco, ao contrário das estocadas. O fator tático é simples: não mire somente um alvo, almeje atingir dois, três, quatro ou quantos pontos você puder acertar. Nunca fixe em apenas uma área da anatomia do seu oponente. Sempre faça cada ação simples se tornar uma ferramenta multifuncional.

Qualquer manobra técnica que não leve em conta o poder emanado do movimento pendular e rotatório do tronco, não faz parte do AIKIDO.

No tópico dos pontos vitais, o AIKIDO não ignora sua utilidade prática no combate real, assim como a aplicação de técnicas de torções, arremessos e chaves. Todavia um golpe só será válido se funcionar em um antagonista que não coopera.

Este assunto, devido à sua natureza eminentemente prática, exige um amplo estudo e deverá ser acompanhado da devida instrução direta.

No AIKIDO todos os golpes e manobras são montados sob o movimento natural e instintivo do corpo e são muito simples e espontâneos. O cérebro ordena os movimentos por reflexo dos terminais nervosos e por isso é uma defesa pessoal cuja eficácia independe do sentido da visão diante da possibilidade de ser agredido em uma situação repentina.

Via de regra quando se está em uma batalha, você não está lutando contra somente um inimigo e freqüentemente será atacado por trás ou pelos flancos. A esfera da consciência deve circundar todo o espaço e a retaguarda passa a ser tão importante quanto a frente.

No AIKIDO não existe diferença entre anterior e posterior, frente e trás, acima e embaixo.

O praticante deve tratar ambos os hemisférios do corpo como iguais, atento a todos os lados e apto a golpear em qualquer direção.

O AIKIDO não é regido por técnicas, por isso suas estratégias e manobras se tornam vivas e pulsantes.

Uma outra regra importante estabelece que o sucesso no combate não deve depender de aberturas na guarda do oponente, na expectativa de uma distração ou de um cálculo errado do adversário. Antes de tudo, o AIKIDO "cria" a fraqueza na guarda do agressor e evita ser atraído para a mesma armadilha.

O mestre Ueshiba, em foto de 1936, executando um dos vários golpes traumatizantes possíveis dentro das manobras do Aikido.

Uma combinação criativa de ataque aos pontos vitais com chaves e torções nas articulações dá eficiência às manobras do Aikido.

AS REGRAS DA POLARIDADE

A escassa aplicação do conceito milenar do YIN e do YANG, do Negativo e do Positivo, prova que poucos artistas marciais sabem usufruir desta regra elementar.

Algo tão simples como a complementaridade entre dois elementos opostos foi reduzida ao eterno conflito entre o Bem e o Mal, impedindo uma aplicação real do assunto com misticismos e esoterismo. Esta ignorância das leis da polaridade pode ocasionar prejuízos na compreensão do AIKIDO e por isso este princípio da dualidade foi reformulado para facilitar a conquista da zona estratégica alicerçado no movimento contínuo, descontraído e alavancado.

A consciência e a inteligência só se ampliam ao serem ativamente estimuladas, eis porque o conceito da polaridade deve ser revisto.

Antes, situemos mais uma vez a natureza da "energia" tratada nesta obra, sem somente rotulá-la com um nome exótico, porque para os orientais, o *Ki* (ou *"Chi"*/ *"Prana"*) manifesta-se em tantas variedades e possui tantos nomes quanto a neve para um esquimó.

Energia é uma característica da matéria que está presente em todo campo de força (elétrico, magnético ou sensorial) emitido por um elemento ou por um corpo suspenso no tempo e no espaço. Portanto, onde há mais energia (em quantidade) haverá mais presença de Luz.

Desta filosofia básica, original e presente em todos os povos, abstraímos que o frio, o doce, o aroma e a luz têm qualidades Yin (-), enquanto o calor, o salgado, o fétido e a escuridão, têm qualidades opostas, ou Yang (+).

Apesar de paradoxal a explicação é simples e fundamentada: energia negativa nada mais é do que matéria carregada de elétrons (na ciência quantificados com o sinal -) e energia positiva é matéria com predominância de prótons, logo, quantificados com o sinal +. Uma pilha de bateria é o melhor exemplo para explicar esta revisão do fenômeno, pois a energia é conduzida do pólo negativo, ou seja com mais elétrons livres, em direção ao pólo positivo, que carece de elétrons.

Portanto, se descrevermos primeiro a máxima quantidade de energia, em termos de negatividade extrema, decorre desta plenitude a seguinte regra capital:

Neste universo SÓ HÁ UM TIPO DE ENERGIA: A ABSOLUTA!

O que tradicionalmente se convencionou chamar de Energia Negativa e Energia Positiva, na verdade é uma medição relativa (qualitativa e quantitativa) deste percentual máximo de energia preexistente e onipresente em tudo e todos. Transportando este conceito para as demais matérias, teremos uma filosofia rejuvenescida à respeito da energia, útil para ser aplicada na conquista da zona estratégica e na vida.

Por isso, com o poder do Aiki devemos drenar a energia do oponente que ataca com uma quantidade de energia oposta.

Yin e Yang eram conceitos que definiam somente a qualidade da energia e não a sua quantidade relativa (o fogo apaga a água mas uma vela na chuva é impotente). Neste tópico ingressaríamos no uso de linhas de forças magnéticas para repelir ou atrair o(s) oponente(s). Nosso corpo composto por grande parte de água e sais minerais atuaria então como um condutor humano imantado e conectado ao maior de todos os magnetos, a Terra.

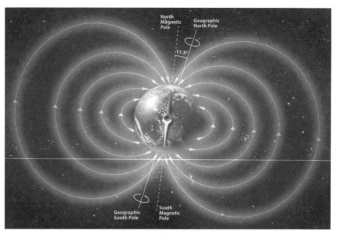

CAMPO MAGNÉTICO DA TERRA.
Paradoxalmente o Norte geográfico da agulha de uma bússola aponta para o pólo Sul de um ímã. Noutras palavras, o pólo Sul da Terra é um gigantesco pólo Norte de um ímã.

No AIKIDO recebemos o ataque colocando nosso corpo no melhor ângulo e ponto de apoio da zona estratégica, frontal ou obliquamente, no momento e ritmo exato para esta mesma energia agressiva ser reaproveitada e redirecionada. Uma vez multiplicada (efeito sinergético), descarregaremos esta energia sobre quem a emitiu em um fluxo contínuo, alterando seus reflexos defensivos e impedindo o contra-ataque. O oponente terá a sensação de que está "levitando" ao ingressar na sua zona estratégica e em seguida receberá um "choque".

Para isso é essencial treinar ambos os lados do corpo, estimulando os dois hemisférios cerebrais, mobilizando os impulsos neurais elétricos do nosso sistema nervoso por inteiro através de determinados exercícios sensoriais e mentalizações especiais. Com exercícios ultralentos somados ao treino do posicionamento correto do corpo em algumas posturas padronizadas de guarda, qualquer pessoa estará habilitada a gerar força explosiva e a controlá-la, reeducando o seu próprio psiquismo.

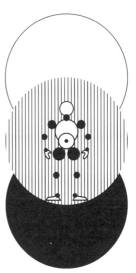

A esfera humana está na intersecção de outras duas: a celestial e a telúrica. Na celestial denominada de "atmosférica" ("Taiki"), as forças cósmicas penetram pelo topo da cabeça e descem pelos canais principais ao longo do tronco, passando pelas pernas e se infiltrando nas profundezas da esfera "telúrica" ("Chi"), ou Terra. Deste intercâmbio, o ser humano, postado como uma ponte entre dois mundos, consome a quantidade necessária de energia vital para gerar movimento.

LEVITAÇÃO

Apesar de surpreendente, a levitação dos corpos possui uma explicação científica e se baseia em uma propriedade eletro química de muitos materiais chamada diamagnetismo, que se refere ao fato de que esses materiais têm a habilidade de expelir um campo magnético externo. Toda matéria consiste de átomos que possuem elétrons em movimento em torno de seu núcleo. Ao colocar um átomo em um campo magnético, os elétrons alteram sua trajetória de forma a se oporem a essa influência externa. Esses elétrons criam seu próprio campo magnético de forma que cada átomo funciona como um pequeno ímã que aponta na direção contrária ao campo magnético aplicado. Nesta situação os átomos estão polarizados pelo campo magnético externo. Isso ocorre com todo átomo da matéria que passará a funcionar como um ímã natural, cujo campo magnético aponta na direção contrária ao campo externo.

É sabido que quando se tenta aproximar os pólos iguais de dois ímãs, estes se repelem. No caso da aplicação deste magnetismo às artes marciais, o pólo positivo do campo externo do praticante também repele os pólos positivos de cada átomo magnetizado do seu antagonista ao menor contato na intersecção de seus campos magnéticos, uma vez que são contrários. Quando essa força de repulsão supera o peso do atacante, ele irá levitar ou, no jargão do combate, será "desenraizado".

À medida que o campo magnético que circunda o praticante é progressivamente fortalecido, seu campo gravitacional aumenta proporcionalmente e, ao final, se torna igual ao campo gravitacional natural do planeta Terra. O ponto no qual ambos os campos gravitacionais são equivalentes, encontra-se no centro da zona estratégica, onde o peso do invasor é quase cancelado. Neste território neutro de anulação gravitacional o oponente estará leve, sem coordenação, flutuando indefeso. Outra forma de explicar este fenômeno é que na Terra a força de pressão da gravidade não é a mesma em cada ponto de sua superfície, então há áreas em nossa esfera onde o peso decai sem alterar sua massa (um objeto é mais pesado nos pólos geográficos do planeta e mais leve na linha do Equador).

Um detalhe: em Física, o "Peso" é a medida da força da gravidade sobre uma "Massa".

Enquanto no espaço temos muita energia, o núcleo da Terra carece da mesma. A força da gravidade nada mais é do que o caminho que a energia segue em direção ao centro da Terra, obedecendo a lei do fluxo da maior quantidade para o local de menor quantidade.

É neste fenômeno natural que se explica a poderosa Lei da Atração e da Conexão, o "Aiki".

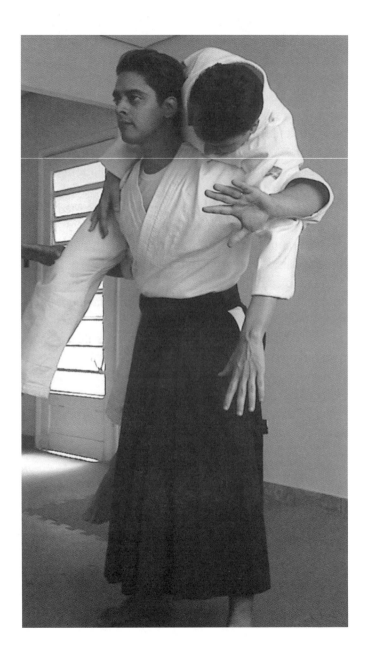

"O QUE É ENERGIA?"

O cientista e escritor russo Isaac Asimov explicou este sistema de gerar força (para ser aplicado em qualquer atividade humana) com a mínima combustão de energia:

"O calor é apenas uma forma do que os cientistas chamam de energia, representada por todo fenômeno com a capacidade de realizar trabalho. A própria palavra energia deriva de termos gregos para contendo trabalho. Contudo, devemos ter cautela com relação à palavra trabalho, empregada pelos cientistas num sentido muito específico, que não corresponde àquele da vida comum. Trabalho, para os cientistas, é o que obtemos ao exercer força contra uma resistência a uma distância.

Ao erguer um objeto com massa por 1 metro verticalmente contra a resistência da atração da gravidade, estamos, no sentido científico, realizando trabalho sobre a massa. Já ao segurar o objeto imóvel a uma altura de um metro, não estamos mais realizando trabalho. Podemos até pensar que sim, dado o cansaço, mas só porque nossos músculos despendem energia para manter-se tensos, sem realizar trabalho sobre a massa, contudo. Se a massa fosse colocada numa prateleira a 1 metro de altura, a prateleira a sustentaria naquela altura por um período indefinido, sem se cansar, e não estaria realizando trabalho, tampouco."

(Extraído do livro *"Isaac Asimov´s guide to Earth and Space"*, Nightfall, Inc., 1991, publicado no Brasil sob o título de *"111 Questões sobre a Terra e o Espaço"* pela Editora Nova Cultural Ltda.)

Todos possuímos e utilizamos uma energia essencialmente de natureza humana, a "energia psíquica" (*Ki*). Neste livro trataremos antes do valor e do papel desta energia na defesa pessoal.

Fome, sexo e agressividade seriam desdobramentos desta energia psíquica, tal como luz, calor e eletricidade são manifestações diferentes da energia física. De modo geral, todos sabemos o que é energia e que resultados ela produz. E sabemos também que a energia pode se manifestar de diversas formas: térmica, mecânica, elétrica, nuclear etc. Vale lembrar que existe uma lei explicando que a quantidade total de energia no Universo, que é um sistema uno e único, é absoluta e nunca se altera, só se transforma de um tipo em outro, num processo permanente de reciclagem.

O ser humano, de acordo com Jung (Carl G. Jung, 1875~1961), produz e depende desse tipo particular de energia para manter a própria vida. Jung apresentou esse conceito em seu livro "Metamorfose e Símbolos da Libido", no qual chamou a energia psíquica pelo nome de "libido". Nisso foi diferente de Freud (Sigmund Freud, 1856~1939), que atribuía à libido uma significação exclusivamente sexual. No conceito junguiano, a libido, ou energia psíquica, tem um sentido mais amplo, ligado ao instinto permanente de viver, e se manifesta por tudo o que providencia a manutenção da vida, como a fome, a sede e a sexualidade, mas também o entusiasmo, o interesse, a vontade e a capacidade de se sustentar e sobreviver.

Uma das grandes vantagens do poder psíquico aplicado no AIKIDO e nas demais artes marciais, e que também supera as demais formas de manifestação da energia, é que ele não necessita de um meio condutor físico para se irradiar e afetar o(s) atacante(s), além de atuar como um sentido de radar e de rádio na detecção, recepção e transmissão da intenção agressiva.

O objetivo é cultivar a energia psíquica para aumentar nossa sensibilidade às forças circundantes que podem nos afetar.

Muito mais poderia ser dito, todavia, somente um treinamento lúcido, criativo e bem orientado sob as bases da polaridade energética qualificará o praticante a ter domínio sobre o caos aparente de um combate. Através da experiência perceberá que qualquer conflito segue leis precisas e imutáveis, embora invisíveis.

Ki: a essência da vida.

ENFOQUE DA ENERGIA NO CENTRO GRAVITACIONAL

Para o principiante é muito difícil manter a consciência em um ponto imaginário no centro do corpo sem cair no erro da concentração que gera tensão e dificulta a ação natural. Consciente somente de um ponto o iniciante será facilmente desequilibrado e se ele tentar alinhar mais de três centros ficará tolhido pelo esforço mental.

Para evitar desperdícios de energia, deve-se atacar com toda a massa e peso do corpo alinhado com duas linhas centrais que se cruzam, mantendo a coluna bem estruturada e pisando firmemente.

Para alinhar o corpo usamos o mesmo recurso para se traçar uma reta, ligando um ponto no topo da cabeça com outro na base do períneo. Por isso o AIKIDO vai além da concentração em um único ponto e aconselha seu praticante a estabelecer previamente uma linha vertical no eixo do corpo, unindo um ponto de sustentação acima e no centro do crânio com outro ancorado abaixo e no centro do tronco.

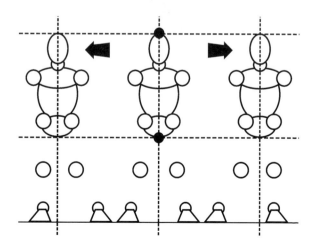

Isto não significa que o AIKIDO ignora o Hara, um dos principais vórtices energéticos usados nas artes marciais e na meditação. Ao contrário, ao criar o eixo vertical descrito acima, capaz de polarizar o praticante através de exercícios específicos, também garante um eixo horizontal unido em dois pontos conectando a frente com o verso do corpo gerando um cinturão de força em forma de cruz.

Assim posicionado, o praticante terá todo seu corpo integrado sem esforço e ficará livre para se movimentar da maneira mais apropriada para ocupar a zona estratégica.

Com estes dois eixos irá se tornar um giroscópio humano e seu poder marcial aumentará consideravelmente, propiciando uma ampla gama de torções articuladas em vários planos semelhantes às contorções em ondas de uma serpente.

Giroscópio futurista com seis aros concêntricos girando ao redor de uma esfera geodésica composta de triângulos facetados. Este equipamento é um dos melhores instrumentos para representar o *Hara*, o centro vital do corpo humano e sua disposição no espaço, cuja área pode ser subdividida em várias camadas de energia cada vez mais sutis até chegar ao seu núcleo.

OS 5 VETORES DA ENERGIA

1 – DESCENDENTE

A força da gravidade nada mais é que o caminho traçado pela energia celestial rumo ao centro da Terra. Inclusive esta é uma lei natural pouco conhecida e divulgada: a energia sempre se movimenta para o local onde há a maior quantidade potencial de produção de força. No caso da gravidade, este fenômeno decorre da polarização vinda do espaço, onde há enorme estoque de energia pura, rumo ao centro da Terra, local com baixa quantidade de energia. O efeito de atração dos corpos para o solo resulta desta força implacável.

2 – ASCENDENTE

Esta força vital é a mesma que anima os seres vivos e gera o crescimento para cima entrando em equilíbrio com a Gravidade. É a energia que leva a seiva dos vegetais até a folha do galho mais alto sem a necessidade de um coração para bombear e circular a água. Esta energia foi a responsável por tirar o homem das quatro patas e mantê-lo ereto, evitando o excesso de oxigênio no cérebro e favorecendo o pensamento inteligente. É a força evolutiva atraindo os seres para a fonte solar de onde emana o combustível da vida. Da sua combinação com a energia ascendente, possibilita um trânsito bidirecional através de um canal vertical entre o céu e a terra. As árvores e o Homem são perfeitos exemplos destes pilares.

3 – HORIZONTAL

É o deslocamento consciente dos seres vivos, que privados da energia necessária para sobreviverem, caminham em sua direção. Também segue a lei da polaridade. Um bom exemplo entre as plantas é o movimento das raízes em direção à água e das folhas em direção ao Sol.

4 – ROTACIONAL

Esta capacidade de girar o tronco inteiro para trás e para os lados sem mudar a posição dos pés é tipicamente humana.

Serve para orientar a energia horizontal, encaminhando-a no espaço para onde seja requisitada.

5 – ESPIRAL

Esta energia é uma combinação da rotação com as demais forças, e está presente nos redemoinhos de vento, na extensão dos parafusos e na formação das galáxias, bem como em qualquer aglutinamento de massa ou energia. É a força que traz ordem ao caos aparente. Os melhores exemplos de modelo espiral são a cadeia de DNA dos genes e as conchas dos caracóis.

Estas manifestações da energia seguem uma única e imutável lei: se em grande quantidade, a energia escoará inevitavelmente para um local carente da mesma. Se em pequena quantidade, dirigir-se-á para um local com maior abundância de energia complementar.

Como regra geral, sempre pratique o AIKIDO levando em conta as implicações destes 5 vetores de energia, com os dois eixos conjugados entre si, alinhando os quadris, mantendo a nuca reta, olhando diretamente à frente e no infinito, um pouco acima do nível dos olhos, joelhos levemente flexionados e peso ancorado, com braços soltos e curvados, dedos expandidos e cotovelos abertos, com a sensação de estar flutuando na correnteza de um rio.

TENCHI – unindo o Céu e a Terra no *Ritsumokuso*.

Um antigo tratado marcial dizia que a água é a mãe de todas as artes e 70% do nosso corpo é constituído deste líquido.

Praticar os exercícios dentro de uma piscina ilustrarão os aspectos internos do AIKIDO com os 5 vetores de força descritos, e ao impor resistência, peso e tração em relação ao nosso eixo e movimento estas energias serão melhor visualizadas.

O *Golpe Traumático*, a *Polaridade* e os *Vetores de Força* oriundos do nosso Centro Gravitacional localizado no Hara, são regras táticas valiosas para todos os estágios do combate, para o treino com armas e também nos casos de ataque em massa. Fintas por parte do oponente podem ser aceitas uma vez que se consiga invadir o seu campo principal e tomar a iniciativa. Quando o oponente deixa nossa área de ação, nós imediatamente retornamos para a posição de prontidão mantendo o contato. Se não atrair o adversário para uma armadilha, entre em sua esfera com uma combinação de movimentos táticos (manobras), ora ingressando em seu campo de ação ora recuando para confundir seu senso de distância e tempo.

Em todos os outros casos escolhe-se, como de costume, o melhor movimento conveniente para o controle no sentido de ocupar a zona principal. Se for este o caso, não é mais necessário pensar em todas as inúmeras possibilidades do adversário, mas pode-se movimentar com liberdade e determinação pois uma técnica no sentido do controle do MAAI é sempre conveniente.

As exceções confirmam a regra.

Assim, não vá para a zona estratégica se ficar bloqueado por alguma barreira natural do ambiente. Movimentos preventivos como golpes, ameaça de flanqueamento, rasteiras e intimidações devem ser feitos se eles se destinam a um fim especial e este é sempre no sentido de domínio do *Maai*.

A METAFÍSICA DO COMBATE

Nos combates contra vários atacantes ou nas técnicas em que se é agarrado por mais de uma pessoa, a zona estratégica estará saturada e deverá ser conquistada as zonas secundárias, reunindo e amontoando os atacantes dentro da zona principal, lançando um contra o outro e fazendo giros contínuos, usando a mecânica das roldanas nos quadris e alavancas nas demais articulações conforme ilustrado pelo PRINCÍPIO ATLATL.

Guerreiro asteca prepara lançamento de dardo usando o Atlatl.

A FÍSICA DO *ATEMI*

Baseando-me numa das armas mais antigas usadas pelos primeiros homens desde o período pré-histórico, cunhei o "PRINCÍPIO ATLATL", o artefato selvagem de caça que servia para atirar lanças, afim de explicar os golpes característicos do AIKIDO.

Por isso começarei explicando a física atuante nesta arma encontrada em várias culturas espalhadas pelo planeta, dos esquimós aos aborígenes australianos.

Tanto o atlatl quanto o dardo que se encaixa em sua haste para ser atirado são molas que estocam energia. Quando o braço avança, os três se flexionam e, se propriamente alinhados, um efeito contrário a partir do ponto de lançamento dará o máximo impulso inicial acrescentando poder de alcance ao dardo. Por ser essencialmente uma alavanca que duplica o comprimento do braço arremessador, o atlatl faz com que a lança atinja 200 vezes mais força de penetração com alcance 6 vezes maior do que um arremesso tradicional com a mão. Mesmo arremessando um dardo mais pesado do que uma lança convencional, o emprego do atlatl a supera em muito tanto em força quanto em velocidade: um dardo catapultado por um atlatl atinge um impacto maior do que o de uma flecha atirada por uma balestra de 90 libras!

Em meus experimentos com o atlatl e sua relação com o princípio das alavancas por trás do soco, das cotoveladas, joelhadas, chutes e cabeçadas, bem como dos golpes contundentes com os ombros e os quadris, nunca encontrei qualquer aumento de velocidade ou alcance usando um atlatl (ou um corpo) pesado.

Assim, não vejo razão para um lutador tentar ampliar o poder de seu soco se tornando um peso-pesado de 130 quilos. Estes lutadores de boxe têm um soco potente (que obviamente nocauteia) mas não sabem golpear com explosão e velocidade sem esgotar as reservas da sua própria energia.

Na minha experiência um lutador só maximiza sua energia desenvolvendo uma boa forma e se dedicando mais ao treinamento básico, usando o corpo inteiro como uma alavanca no treino com correntes.

Voltando ao atlatl, um arremessador conseguiria atingir sem este artefato umas 30 jardas. Com ajuda de uma alavanca ele poderia arremessar o mesmo dardo três ou quatro vezes mais longe. Seguindo a premissa desta análise poderemos descobrir como este princípio se aplica nos golpes do AIKIDO.

Primeiro vamos verificar os fatores que limitam o arremesso somente com a mão.

Quando eu arremesso um dardo preciso segurá-lo no seu ponto de equilíbrio, no meio da haste. Eu me inclino para trás o máximo que conseguir, afirmo a pegada e arranco subitamente para frente. Dou um passo adiante para transferir o peso do meu corpo para o dardo. Meu pulso empurra enquanto meu braço faz um longo arco. A medida da distância entre minha mão e o dardo é aproximadamente de 7 pés. A distância entre meu pulso e os meus dedos é de aproximadamente 5 polegadas. O máximo de velocidade que eu alcançarei será determinado pela minha capacidade de avançar meu corpo e transferir esta energia para o dardo através da ponta dos meus dedos.

E o atlatl amplifica esta ação por várias maneiras. Primeiro a distância que o arremessador tem controle sobre o dardo aumentará em dobro com o acréscimo do comprimento do atlatl que se conecta ao dardo não pelo seu ponto mediano de equilíbrio mas pela sua extremidade de base. Ao invés de 7 pés teremos um acréscimo de mais 4 pés. A distância entre meu pulso e a ponta dos dedos também aumenta ao empunhar um atlatl e passa de 5 para 24 polegadas. Adicione a isso a amplificação do efeito de alavanca reversa. Para entender melhor esta alavanca reversa, imagine o machado usado para partir uma lenha. A diferença de alavanca será proporcional ao cabo do machado. Quanto menor o cabo menor será seu poder de golpear. O mesmo vale para um martelo: experimente fincar um prego na madeira segurando somente na cabeça do martelo.

A fórmula matemática que explica este maior alcance e poder de impacto não leva em consideração qualquer força resultante causada pela flexão do dardo e do atlatl (ou do braço e demais membros) pois isso seria cancelado após o arremesso (além de telegrafar o golpe no caso da autodefesa). Agora vamos considerar como o papel de um peso extra afeta esta equação aplicado ao soco. Quanto mais próximo do ponto de equilíbrio de um peso, ou quanto mais pesado seja este objeto, mais energia é requerida para colocar o braço em movimento. A inércia do peso impede sua rápida transferência. Por mais que alguns argumentem que esta inércia poderia ser transferida para o movimento, a força do soco de qualquer arte marcial sempre será regida por um sistema imutável de alavancas e por uma fórmula simples: quanto maior o número e o comprimento de alavancas envolvidas em um golpe, maior será seu poder. No AIKIDO a força de mola e de chicote obtida com as articulações das pernas, da cintura, da coluna e dos braços, gera uma ondulação implacável, difícil de ser contida e ideal para a luta corpo a corpo. Aliando ainda o efeito chicote ao "Princípio Atlatl" teremos a receita dos golpes mais fulminantes das artes marciais internas.

O peso do braço e da mão (ou um peso atachado ao atlatl) serviria apenas para aumentar a precisão de acertar o alvo, mas não acrescenta a energia súbita e explosiva necessária à luta para nocautear um oponente. No AIKIDO este peso pendular é substituído por sutis movimentos da cabeça, cujo contrapeso serve também para manter o equilíbrio e dissipar forças de reação do impacto enquanto se golpeia.

DICAS TÁTICAS DE COMBATE

Treinamos pensando em vários oponentes, pois é melhor praticar assim e enfrentar apenas um atacante do que limitar a prática ao combate contra um e enfrentar vários em uma situação inesperada nas ruas.

No caso de ataque coletivo, cercado por uma multidão, mantenha-se em constante movimento como se caminhasse na borda de uma piscina oval, recebendo os atacantes em fila indiana, um a um. Quando eles formarem pequenos grupos, ataque-os em seus pontos de junção e aproveite um golpe aplicado em um para atingir os demais, como o ricochete de um projétil, sempre orientado pelos oito quadrantes da zona estratégica, evitando ser atingido pela retaguarda.

O trajeto circular é uma das melhores atitudes indiretas de guerrilha.

Em suma, cerque os oponentes e mantenha-os exauridos e na defensiva. Em se tratando de combate real, dispense toda a teoria intelectual e aja na ordem mais conveniente:

1 – Defenda-se com o que estiver próximo, usando cadeiras, guarda-chuvas, caneta, cintos, copos e outras armas improvisadas. Mãos vazias só em último caso.

2 – Lance chutes abaixo da linha do joelho, golpeie nos olhos, pescoço e genitais além de desferir cabeçadas, cotoveladas e joelhadas no *"close combat"*. Use tudo o que é proibido nos esportes!

3 – Avance (ou recue) para se esquivar.

4 – Somente em último caso faça bloqueios.

5 – Economize movimentos: busque aparar um golpe com o mesmo lado do atacante, ou seja, se for atacado com um golpe de mão esquerda, defenda-se com seu lado esquerdo também ao invés de tentar agarrar seu braço com a mão oposta. E nos bloqueios, ataque na seqüência imediata do golpe. Lembre-se que a ação sempre será mais rápida do que a reação.

Os conceitos do AIKIDO para uma luta podem se resumir na distância de combate, na oportunidade de ataque, na dominação do conflito impondo sua vontade e atitude superior e na continuidade da ação ofensiva e da atenção (estado de *Zanshin*).

Desarme de arma de fogo. Professor Luciano Imoto e José Cirino.'

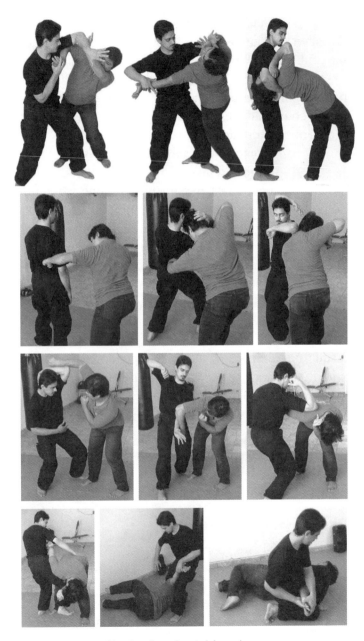

Manobras livres de autodefesa urbana.

A METAFÍSICA DO COMBATE

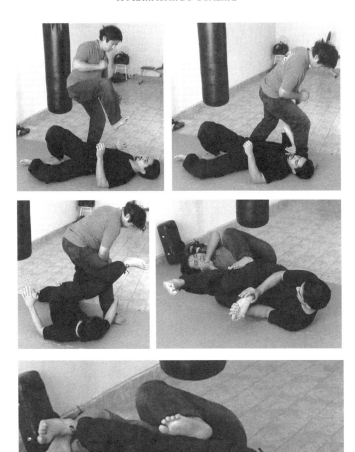

Manobra espontânea e improvisada de proteção no chão com defesa de pisada e contra-ataque com "tesoura" nas pernas seguida de chave no joelho com torção de tornozelo e golpe de calcanhar no rosto do atacante.

AIKIBUKI

*"Tenho uma grande arte:
eu firo duramente aqueles que me ferem."*
Arquíloco de Paros, poeta grego do séc. VII a.c.

Estudando a "Grande Arte" desde os velhos tempos do *Paint Knife*, também resolvi resgatar a nossa arte mestiça de luta com facas, desenvolvida (ainda não se sabe ao certo por quem e quando) para a infantaria do Exército Brasileiro após o retorno das Forças Expedicionárias da Itália na Segunda Guerra. A participação na tomada de Monte Castelo das forças nazi-fascistas serviu para abrir os olhos da Elite Militar, uma vez que com todo o potencial do soldado brasileiro (fácil adaptabilidade, criatividade e resistência), ainda não tínhamos esquadrões de Comandos e de Forças Especiais como a Alemanha, a Inglaterra, a França e os EUA.

Assim, o *Aikibuki*, a luta com armas brancas do AIKIDO, é basicamente um sistema técnico e tático de combate com faca, espada e diversos tipos de bastões.

Em nossa escola desenvolvemos uma adaga com uma lâmina estilo "cimitarra" e uma tonfa especial com apoio anatômico de antebraço curvado foram adaptados para as condições físicas e o temperamento do homem brasileiro. Seus movimentos seguem as linhas de energia durante um confronto, atingindo vários pontos no mesmo trajeto, coerentes com o estilo das manobras desarmadas do AIKIDO.

Este sistema de luta com facas e bastões recebeu a sigla "Percort" (per-furar e cortar). Ministramos estas aulas partindo dos princípios marciais já consolidados no AIKIDO, como aprender a improvisar com

estilo sem ficar preso a *"Kata"* e a usar a energia psíquica e a manipulação subliminar no confronto. Esta área inclusive já estava integrada em nosso curso de defesa pessoal para uso nas forças policiais e de segurança com a tonfa e o bastão retrátil. Agora é ensinada no AIKIDO em conjunto com as demais técnicas de mãos vazias como complemento para nossa metodologia especial de ensino.

Todas as manobras clássicas do combate com facas (que não estão sendo ministradas no Brasil por causa da forte influência do Kali) como a *Stoccata*, a *Passata Sotto* e a *In-Quartata*, bem como as técnicas derivadas do *Tanto Jitsu* japonês e do *Stilleto* Siciliano (entre outras influências) foram combinadas pela primeira vez em uma forma única de arte marcial com armas brancas.

Este fenômeno denominado de *MMA (mixed martial art)* é bem recente no cenário marcial e data dos anos 90, derivado da necessidade encontrada pelos lutadores no *Ultimate Fight* e nos demais campeonatos de Vale-tudo de combinar as técnicas de chão do *Jiu-Jitsu* com os golpes do *Boxe Tailandês*.

Hoje, no Dojo AHCAM, trouxemos este conceito para o mundo das armas brancas, unindo princípios e manobras de várias escolas representantes da faca, desde a esgrima medieval aprimorada pelos italianos e

TANTÔ JAGUAR
Pequena e fácil de portar, ideal na defesa pessoal urbana.

AIKI - TONFA®

Design inteligente que facilita o porte e o saque, se adapta à anatomia do antebraço e amplia os ângulos de bloqueio e ataque gerando maior torque e firmeza na empunhadura e facilitando a dissipação do impacto nas defesas. O grande problema da tonfa convencional reta era a sua baixa velocidade angular na arrancada. Na AIKI-Tonfa isto foi corrigido graças à curvatura no seu eixo que deixa o bastão livre para golpear. Uma solução mecânica simples que mantém a velocidade no final do golpe, permite o controle sobre a inércia da arma e cria uma trajetória inclinada imprevisível para o oponente.

A empunhadura reversa com a lâmina ao lado do antebraço para a luta corpo a corpo, é uma das pegadas mais mortíferas do combate de faca, capaz de inutilizar todo o arsenal técnico da maioria dos artistas marciais.

espanhóis até as técnicas *"streetfight"* e de defesa eslavas e indonésias.

Bebendo em várias fontes, inclusive pesquisando documentos antigos de combate dos ciganos europeus e dos sertanejos no Nordeste do Brasil, descobri que também temos uma forte e antiga tradição na luta com facas, pois esta é uma arma típica de zonas rurais e selvagens. Na Bahia e outros estados onde a *Capoeira* tem uma presença marcante, navalhas e facões fazem parte dos treinamentos avançados. Atualmente as nossas forças especiais de guerra na selva e na caatinga têm a fama de "cortadores de cabeça" e a cutelaria nacional de facas militares tem crescido em qualidade (possivelmente por influência estadunidense, dos artesãos do *Katana* e da revista brasileira de armas *Magnum*).

Outra particularidade que sempre atraiu meu interesse para a luta com faca é que, além de servir como prática equalizadora para as manobras de mãos vazias (a faca, segundo especialistas, continua sendo uma ótima ferramenta para a defesa pessoal feminina), tem grande utilidade para o aprimoramento de seqüências de desarme, a verdadeira prova para testar as habilidades de um artista marcial (se sair apenas "ferido" já é uma grande vitória em um duelo que envolve lâmina).

O desarme de faca e o desarme de bastão são excelentes exercícios do AIKIDO usando um bastão acolchoado e uma faca de borracha. Eles têm o propósito de representar espacialmente a área da zona estratégica e sua relação com o centro do corpo e o limite de sua esfera de alcance. A prática é bem formal e necessita de um parceiro solícito. Com o bastão nas mãos, trace um semi círculo com o braço estendido, usando o centro do corpo como ponto de pivô. Este processo é

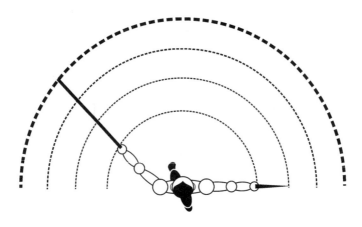

RAIO DE AÇÃO, em essência, nada mais é do que o "alcance" do golpe dentro dos limites de seu perímetro circular. A consciência de sua tangente é crucial e deve ser desenvolvida tanto para quem ataca quanto para quem defende.

repetido e com isso o raio de ação de cada um é mais fácil de ser visualizado (confira desenho acima).
Com esta área previamente estabelecida, começa o exercício. O parceiro desarmado é estimulado a entrar o mais rápido possível na redoma estratégica do outro, golpear quantas vezes puder e retornar à sua posição segura, em movimentos de fluxo contínuo. O objetivo é se manter coberto durante o tempo em que ficar mais vulnerável: quando estiver dentro do seu raio de ação.
Inverta os atacantes e repita o exercício, sempre retornando para uma zona neutra após a invasão inicial.
Então passe para a etapa seguinte mudando os ataques, com golpes de estocada, em diagonal e cruzados, ascendentes e finalmente livres, aumentando a velocidade do bastão.
Após esta prática, os golpes recebidos com as mãos e pernas parecerão lentos.

Este é somente um exemplo e muitos outros exercícios podem ser adaptados e criados pelos praticantes.

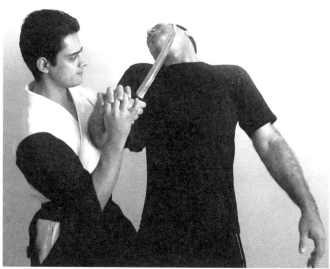

AS ESTRATÉGIAS INTERNAS

KOKYU HO – RESPIRAÇÃO

MUITO SE TEM FALADO E ESCRITO sobre a importância de respirar corretamente para garantir um suprimento extra da estamina necessária às agruras de um combate: absorção de golpes, movimentos explosivos e de longa duração, bem como para a manutenção da saúde, da longevidade, do domínio das emoções, controle do estresse...

Só nos exercícios "pranayama" do *Yoga* existem mais de 50 tipos de exercícios respiratórios que podem ser combinados em milhares de padrões. Porém, como diretriz geral no entanto, pouco se aproveita de tantas fórmulas artificiais de controle do fôlego.

O importante é descobrir o *"Maai"* da respiração, corrigir disfunções como a contenção involuntária do diafragma, e não tentar modificar um processo natural condicionado por nosso biorritmo ao longo dos anos.

No AIKIDO adotamos um sistema prático e direto de respiração ritmada que abrange não somente determinados objetivos marciais, mas que se estende para todos os âmbitos do dia-a-dia, pois seria incoerente respirarmos corretamente apenas durante o treinamento.

Nossos pulmões têm a capacidade de absorver em média três litros de ar em uma única inspiração. Esta função natural deve ser resgatada antes de aventurar-se por exercícios respiratórios experimentais.

Por isso, aqui exporemos somente alguns princípios fundamentais da arte de respirar pensando nas necessidades específicas da luta:

1 – Respire pelo nariz, silenciosamente. Só expire pela boca quando a demanda por oxigênio o exigir diante de uma aceleração cardíaca.

2 – Respire preenchendo os pulmões por inteiro (imagine que o ar também entra e sai através da sola dos seus pés e das palmas das mãos para englobar a metade inferior e superior do corpo no processo).

3 – A inspiração deve ser mais curta do que a expiração.

4 – Evite reter o ar nos pulmões para não ficar vulnerável a danos internos. Reciclar é alternar.

5 – Sincronize o contra-ataque sem perder o fôlego, com os pulmões vazios.

6 – Nos movimentos ascendentes, inspire.

7 – Nos movimentos descendentes, expire.

8 – Nos movimentos de torção do tronco, expire.

9 – No avanço, expire; no recuo, inspire.

10 – Nos movimentos de abertura (expansão), inspire; nos de fechamento (contração), expire.

11 – Um "método" de domínio corporal não seria completo sem um estudo do som e da voz. Para isso no AIKIDO empregamos a ciência esotérica do *"Kotodama"*, o espírito das palavras e do som. Durante um combate use o grito *"Êiii"* para expirar (ou qualquer som que seja agudo e estridente). Sons graves e interiorizados como o *"Yôoo!"* podem ser usados para inspirar e dar ritmo.

No AIKIDO há o exercício isométrico de explosão e do grito cujo som interno é multivocal, pois verbaliza e projeta ao mesmo tempo ampliando consideravelmente o poder interno de quem o emite, paralisando a reação adversária. Deve-se exercitar sistematicamete a vocalização de todas as consoantes e vogais e depois unir as duas na mesma vibração, buscando atingir a "sexta" vogal. De início busque um som que exprima bem-estar. Quase sempre ele se assemelha a um zumbido murmurado ou engolido.

Procure sentir a energia de falar, gritar e cantar surgindo no fundo do ventre e projete-a para onde deseja enviar o som para ser ouvido. Com a prática o som deixará naturalmente de ser audível e seu efeito será ampliado várias vezes.

12 – Não se preocupe com a respiração do adversário nem tente antecipá-la. Aja como se ele fosse feito de vapor: aspire-o!

13 – Uma vez tomado o centro, com vantagem posicional, deve-se atacar com o poder da respiração concentrado, pois do contrário perde-se a iniciativa.

14 – A respiração tem quatro fases:
(1) inspiração, (2) retenção de ar, (3) expiração e (4) retenção sem ar. Pratique exercícios de condicionamento utilizando cada uma destas fases em separado e em conjunto, sem forçar o seu ritmo natural.

15 – Olhe para seu oponente como se ele estivesse muito longe de você ou como se ele fosse transparente e quebradiço como uma vidraça. Isso evita que surja qualquer fixação capaz de interferir na percepção global do combate e mantém a estabilidade da respiração.

16 – Não se preocupe com a estética de sua performance. Aja sempre natural e instintivamente, confiando na prática assídua como o melhor modo de lapidar seu visual. Isso evita os complexos psicológicos que "sufocam" a respiração e paralisam o pensamento e didaticamente auxilia a percepção do sentimento cinestésico para todos os quadrantes.

17 – A seriedade excessiva nos treinos enrijece o peito e reduz nosso campo visual e reflexos. Exale para

aliviar o medo e reserve a fisionomia de ameaça para o seu oponente nas competições.

18 – Quanto menos esforço consciente gasto na respiração, melhor. Observe o processo de inalação e exalação e constatará que naturalmente nosso sistema respiratório atua cadencialmente, intercalando a inspiração e a expiração em turnos pela narina esquerda e direita com intervalos regulares. Cada praticante deve encontrar e preservar seu biorritmo autônomo.

19 – Não insiram modificações que agridam sua capacidade pulmonar. A hiperventilação decorrente de respirações continuamente profundas leva paradoxalmente a uma deficiência de oxigênio no organismo uma vez que inibe a absorção de dióxido de carbono, comprometendo o processo químico de quebra e liberação de oxigênio no sangue.

Aprender a usar o diafragma na pressurização interna do ar é vital nas artes marciais e na manutenção da saúde e do vigor. Não é a respiração mas a compressão que importa. A regra básica seria jamais exalar ou inalar totalmente ao longo dos movimentos.

Como o AIKIDO é o tema central deste livro, recomenda-se a prática ciclotímica, em ambientes abertos para aumentar a capacidade aeróbica sem dissipar a bioenergia vital acumulada da qual trataremos a seguir. Mediante a prática rotineira, freqüente e regular, a resistência cardio pulmonar aumenta progressivamente. Todavia sempre treine com austeridade, visando o esforço sobre si mesmo, a auto-superação (*Shugyo*).

Para encerrar transcrevo agora as palavras profundas e sem rodeios de William C. C. Chen, um mestre excepcional de *Tai Chi Chuan*, sobre o verdadeiro processo de aplicação da força da respiração no combate:

A METAFÍSICA DO COMBATE

"Se você soca e exala, você não tem um soco, você perdeu sua energia... Nenhum lutador profissional golpeia e exala ao mesmo tempo porque ele perderia sua força, não teria compressão e por isso não teria energia. Compressão e vocalização de um som não é exalação; exalar é diferente. Os boxeadores socam e você ouve eles emitindo um som de "su", "su", "su". Aquilo não é exalação, aquilo é compressão. A diferença entre exalar e comprimir é que na compressão você fecha a válvula de ar; ela se torna bem pequena... Quando você exala estará abrindo a válvula e deixando seu ar ir embora."

Emprego do soco "aiki" (à esquerda) na cobertura e no ataque simultâneos (à direita). Professor Luciano Imoto e Marcelo Martins.

KI - BIOENERGIA

Pode haver diferenças de força e intensidade de energia nas pessoas, mas todas sem exceção possuem sua cota de vitalidade herdada dos seus ancestrais, mantida pela absorção constante de raios solares e outras fontes de nutrientes regenerativos.

Em princípio a bioenergia é de origem solar e nome genérico de qualquer forma de produção de movimento manifestada biologicamente, metabolizada fora ou dentro do organismo: energia térmica, eletricidade estática e química são bons exemplos. Felizmente esta essência não precisa ser extraída diretamente do organismo. Ela pode ser gerada pelo atrito entre os corpos ou entre seus membros, pela respiração acelerada e, de uma forma integral, pelos movimentos e desafios mentais requisitados na defesa pessoal. Diante de uma ameaça ao corpo, este automaticamente corta o fluxo de sangue na região agredida e envia doses extras para os outros órgãos vitais.

O que o AIKIDO faz é ampliar o impecável e milenarmente testado sistema imunológico interno de defesa das células para além do corpo físico, estendendo seu raio de alcance até onde sua energia psíquica irradiar.

O praticante pode utilizar essa energia atmosférica na qual está mergulhado simplesmente permanecendo alguns minutos imóvel, em pé, sentado ou deitado, fechando um circuito eletromagnético com as duas mãos unidas ou com os braços abertos como se envolvessem uma esfera, fazendo circular esta cota adicional de energia dentro do seu próprio corpo para o fortalecimento geral do organismo. Ou pode aplicar as mãos, ainda aquecidas, sobre um ponto dolorido no corpo para estimulá-lo; sobre um órgão para revitalizá-lo; sobre um músculo ou articulação para maximizar seu desempenho.

As manobras de contato do AIKIDO sempre devem ser precedidas por exercícios específicos de purificação e circulação da energia. Uma vez purificado o corpo e com os canais de energia abertos pode-se executar as manobras técnicas com segurança sem efeitos colaterais prejudiciais à saúde em longo prazo.

Essencialmente onde circula sangue também circula bioenergia. Com ela podemos produzir fenômenos cujos domínios são ainda pouco explorados, apesar de serem um fato cientificamente estabelecido e muito conhecido popularmente nos casos em que uma mãe ergue um carro para salvar o filho preso sob a roda.

Nos golpes são os ossos que transportam a bioenergia convertida em ondas de choque descarregadas além do ponto de impacto visando arremessar o alvo, explodi-lo ou, implodir órgãos internos, gerando lesões irreversíveis, para não dizer mortais.

No AIKIDO o praticante não depende de conceitos místicos para explicar a bioenergia e aplicá-la nas técnicas livremente. Sem dogmas para lutar, basta uma prática disciplinada para sentir em si mesmo a manifestação desta energia marcial, presente em todo ser humano e herdada de nossos antepassados, ainda que adormecida nas nossas células.

Segundo a estratégia da bioenergia, temos na região do ventre (*Hara*) uma usina atômica à nossa disposição. Podemos deixá-la inativa como fazem dos monges e beatos de quase todas as religiões. Podemos simplesmente usá-la e desperdiçá-la sob o impulso cego do instinto. Ou podemos cultivá-la instalando nossa mente na área entre o plexo solar e o baixo ventre, canalizando essa força descomunal para onde desejarmos.

Ativar o vórtice do núcleo gravitacional é o primeiro passo para criar a percepção da nossa aura energética, uma vez que toda roda tem um centro. A quantidade de energia gerada neste processo possibilita ao praticante alcançar picos de ultraconsciência e lucidez.

Os praticantes em geral consideram esta "iluminação" (*satori*) algo inatingível, digno apenas dos fundadores de religiões, monges ascetas e dos anciãos do passado. Algo que simples mortais não devem nem almejar sob pena de serem considerados pretensiosos. E quem o atinge, deve negá-lo publicamente para evitar o ceticismo dos demais!

A intuição é um estado natural de consciência que pode ser traduzido como pré-iluminação e está ao alcance de qualquer praticante saudável.

Normalmente nossa bioenergia segue um processo artificial de manifestação que surge no pensamento, é verbalizado (ou nomeado) e só então acionado fisicamente, mediante atos do corpo, com ou sem ajuda de instrumentos e ferramentas. Assim, toda grande catedral um dia existiu apenas no pensamento abstrato de seu arquiteto.

A intuição por sua vez subverte este processo com um salto quântico do pensamento, sem diálogo interno, com compreensão direta e instantânea de algum dilema existencial. É apenas um estado superior de consciência e ocorre em todas as áreas profissionais. São aqueles momentos em que a solução "aparece" do nada e resolve um problema complexo sem esforço algum. Não há perigo nem misticismo neste processo de pensamento que culmina diretamente na ação, sem os intervalos da verbalização.

O estágio posterior e subseqüente à intuição, não tenho como descrever em palavras.

É algo a ser experimentado.

Aceite-se apenas que este fenômeno de lucidez súbita, ou gradual, é um estado de ser que está muitas dimensões acima do pensamento e, por isso, é impossível compreendê-lo com o auxílio dos mecanismos cognitivos e intelectuais da lógica.

DESCONTRAÇÃO E RELAXAMENTO

Estar descontraído e pensar positivamente é a melhor forma de aproveitar ao máximo nossas potencialidades e deixar o centro gravitacional atuar livremente. Agir naturalmente como se estivesse passeando em uma praia ou acabasse de acordar de uma repousante noite de sono, eis o estado que o praticante deve estar para executar corretamente a estratégia de controle da zona central. Apesar da respiração ter um importante papel na indução de tal estado de tranqüilidade, o exercício de determinados movimentos mediante profunda auto-análise é essencial para adquirir o devido relaxamento e contrabalancear a tensão residual no corpo.

Por relaxamento, deduzimos um estado de ausência de enrijecimento muscular e postural. Por outro lado, o tônus muscular distribuído por todo o corpo deve ser mantido com a sensação de se estar flutuando nas águas do mar. Logo, manter-se constantemente em movimento, alternando os passos para a esquerda e a direita, elevando e abaixando o corpo, rotacionando o tronco e os braços nos dois sentidos, é a regra fundamental para estar descontraído e anular os efeitos indesejáveis da inércia. Movimento gera movimento. Caso adotemos uma postura estática, necessitaremos de uma força de impulsão maior para a realização dos movimentos e, assim, ocorrerá uma velocidade e eficiência menores para a execução da manobra.

E para não cometer o erro corriqueiro de excesso de movimento desordenado em detrimento da qualidade do mesmo, adicione a estratégia do controle da zona central para servir de bússola para qualquer ação.

Não fique simplesmente saltando ou ziguezagueando sem rumo à espera de uma brecha na guarda do

Com tensão a energia pára de fluir.

Tenchi Nage: Só a descontração libera o movimento e dá eficiência às manobras.

adversário. Ao contrário, é na aparente passividade de uma postura relaxada que compactamos todas as alternativas de movimento para qualquer direção sem telegrafar nossa intenção. Os espadachins samurai chamavam esta posição de "guarda aberta para todos os oito lados" (*Happo Biraki*), aumentando o leque de opções para esquiva e ataque, tanto de forma direta quanto indireta.

Como regra geral mantenha os joelhos levemente flexionados, evite dar passos muito largos e preserve a unidade do corpo encaixando o quadril e evitando torcer a espinha. Pisa-se com toda a sola do pé deixando o peso do corpo ser carregado pelas pernas alternadamente evitando assentar-se em uma postura congelada.

A utilidade da descontração na conquista da zona estratégica do *Maai* reside na capacidade que esta lhe dá em induzir o ânimo do oponente. Vence um combate aquele que conseguir impôr sua vontade sobre a do outro.

As manobras empregadas pelo AIKIDO são instrumentos para ensinar o praticante a simultaneamente integrar e dissociar o seu corpo em partes ou em um bloco integral com intenção de ocultar seu centro e defender-se com liberdade de deslocamento, facilitando o controle sobre o *Maai*.

A Metafísica do Combate

Imobilizar (Osae) é controlar o ponto de equilíbrio do(s) oponente(s).

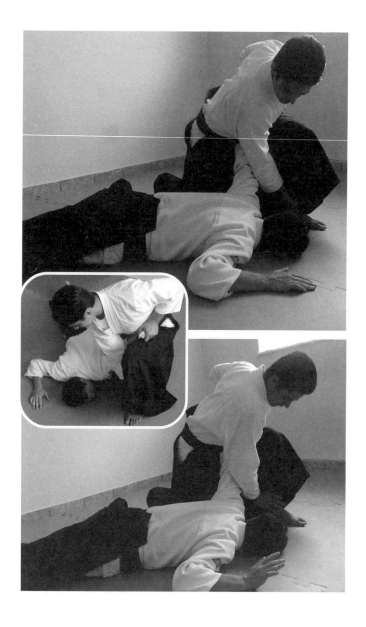

NAGARE
MOVIMENTO CONTÍNUO
ALAVANCADO

O AIKIDO não é uma ciência marcial morta e solidificada. É uma expressão artística, plástica, viva e fluida de livre manifestação corporal e como tal segue regras próprias, desde o uso da força da gravidade até a aplicação de alavancas nas articulações do corpo para gerar ondas de choque em todas as direções.

Mecanicamente a força é resultante de uma aceleração sobre a massa de um corpo. Qualquer movimento deve ocasionar uma somatória de energias, maximizando o menor gesto como um trampolim para uma ação mais enérgica, visando suplantar a reação adversária. Este efeito sinergético é a base das técnicas de movimento e ataque de qualquer arte marcial.

Para este estudo precisaremos aprender a distinguir entre movimento e manobra. Manobra, erroneamente vista como "Técnica", "Kata", "Kati" ou série de golpes simulados e ensaiados, na realidade é um conjunto de movimentos com fins táticos, de acordo com um plano, com um objetivo definido desde cedo para evitar a confusão desencadeada pelo caos de um combate real e da descarga de adrenalina envolvida.

Como nossa estratégia visa primariamente o domínio da zona principal a todo custo, mesmo para quem conhece certos elementos do amplo arsenal técnico do AIKIDO, sua prática requer capacidade de estar relaxado, movimentando-se de forma estabilizada e natural.

Noções mais avançadas como o uso do quadril (*Koshi*), o alinhamento da cabeça, mãos e pés na postura triangular e extensão da energia psíquica serão as-

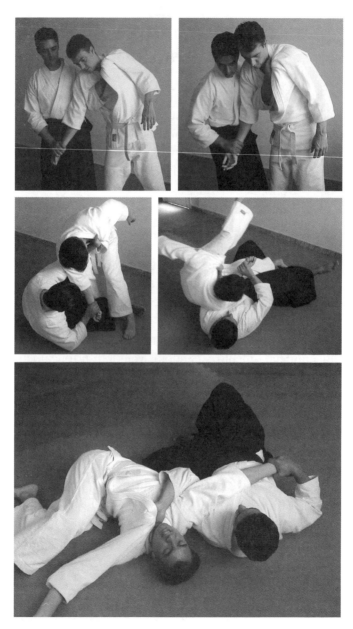

SUTEMI WAZA - manobra de arremesso com estrangulamento e "arm-lock".

similados intuitivamente. Uma vez dentro da zona estratégica sentiremos a necessidade do correto posicionamento do corpo para levarmos adiante nossa campanha e instintivamente buscaremos a melhor forma de nos ajustar.

Em todo caso, nunca se deve perder de vista o real objetivo de dominarmos a zona estratégica: anular os movimentos ofensivos do atacante enquanto aplicamos a melhor manobra. O controle da zona estratégica começa com o desenraizamento do atacante, pois queremos mover seus pés desequilibrando seu centro. Com isso trazemos o oponente para nosso campo sem tentar aplicar um golpe onde ele se encontra estável.

É essencial visualizar claramente o alcance de seus membros e de seus deslocamentos, livre de dúvidas e dando liberdade de ação para o corpo.

Com isso teremos um fluxo contínuo de movimentos coordenados entre si que executarão a melhor manobra para qualquer situação em particular de ameaça.

A experiência prova que em cada dez casos de sucesso na defesa pessoal nas ruas, nove são graças a um elevado senso de antecipação e oportunidade, empregando respostas inesperadas e criativas diante do conflito. Ao ficar restrito a determinados movimentos ensaiados o praticante estará sujeito a cometer o erro de confiar na força e na velocidade.

Em relação à zona estratégica do *Maai*, a continuidade do movimento (*Ki no Nagare*) gerando um fluxo de golpes em cascata é a melhor maneira de cobrir todas as brechas durante o assalto à área inimiga, não dando tempo e espaço de recuperação para o(s) oponente(s). Normalmente um combate real deve durar de 2 a 5 segundos antes do derrotado tombar. Ao exceder este período, as chances de sair ileso do confronto tendem a se reduzir drasticamente.

Os movimentos devem ter sua trajetória desenhada no espaço e nossa intenção deve ultrapassar o limite que alcançamos fisicamente. O princípio básico aqui é dirigir a atenção para fora do corpo, como se estivesse assistindo a si mesmo, sozinho em um estádio, do alto de uma arquibancada.

O AIKIDO é o resgate do conceito original de treinamento dos mestres de grau elevado que consiste em execuções e ensaios mais naturais e espontâneos, anteriores ao costume de repetir os mesmos exercícios de forma robótica. A instituição da repetição de manobras ensaiadas é uma didática muito mais recente do que se imagina. A tendência de repetir movimentos e técnicas mais de cem vezes é moderna e foi copiada da ginástica ocidental dos europeus.

As técnicas antigas praticadas pelo fundador Ueshiba, eram livres das limitações impostas pela repetição, e tornavam-se ligadas entre si por encadeamentos livres e graciosos.

No AIKIDO esses encadeamentos constituem passagens entre as manobras sem fixar-se em nenhuma delas. Isso predispõe naturalmente o praticante à elaboração de táticas baseadas no movimento improvisado e aproveita o peso e a inércia do próprio corpo com descargas de energia em corrente e ondas de choque. Essa liberdade de locomoção nos desinibe e aprimora a percepção.

Poster Seminário de Autoproteção Contra Armas de Fogo realizado na Academia do Autor.

PARTE II

PRÁTICA EQUILIBRADA

A FORÇA FÍSICA PURA não é o fator mais importante nas artes marciais.

Ciente disso, as aulas do AIKIDO partem do interno para o externo, das camadas mais sutis e imponderáveis para as mais densas e tangíveis do corpo e do pensamento integrados.

Basicamente estas sessões possuem dez partes distintas, organizadas de forma lógica e racional para englobar e maximizar todos os aspectos necessários ao desenvolvimento holístico do praticante.

ALERTA!

Pessoas com problemas de pressão alta, cardíacos ou ortopédicos necessitam consultar seu médico antes de se aventurar pelos exercícios de aparência inofensiva e despropositada descritos a seguir. A suposta facilidade se evapora quando se descobre a demanda de concentração, intenção, vontade e autocontrole para realizar estes exercícios na zona anaeróbica: será preciso mobilizar quase todos os músculos e se concentrar em movimentos feitos em velocidade ultralenta apesar da dor causada pelo ácido lático e da falta de ar.

1ª Parte:
KAMAE E *RITSUMOKUSO*: AS POSTURAS

"Mova-se como se estivesse parado.
Pare antes de mover-se."

Imerso em um estado receptivo e positivo, fique imóvel na postura em pé, equilibrando o seu corpo e canalizando a força gravitacional para o solo.

Quando se dirige a atenção para a região central do corpo, automaticamente direcionamos para lá um fluxo de sangue. Esta aceleração da circulação sanguínea e de impulsos bioelétricos nervosos eleva a temperatura da região na qual está concentrada, estimula um maior irrigamento dos vasos e, com isso, contribui poderosamente para a regeneração de tecidos, a vitalização de órgãos, nervos e músculos, a eliminação de potenciais enfermidades, estimula os canais energéticos, refrigera o cérebro e aumenta a flexibilidade.

Não é preciso mentalizar nada, apenas localize a atenção ali ou, se preferir um ponto mais tangível, concentre-se, sem fazer pressão, no seu umbigo.

Os principiantes podem sentir os braços pesados e doloridos no começo, mas após a prática eles se sentirão complemente relaxados, sem aquele cansaço típico de um dia inteiro de trabalho em um escritório.

A vantagem do repouso bem sustentado em pé irá regenerar os tecidos gastos pela ação repetitiva e servirá para descondicionar certos entraves psicológicos. Propicia ainda a valiosa aquisição da consciência corporal essencial para a autoproteção.

Descontração e conforto na suspensão do movimento são primordiais. Pescoço, ombros e o diafrag-

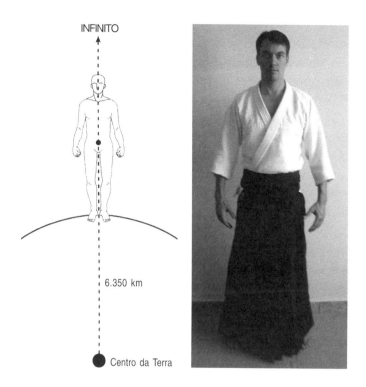

ma no peito nunca são tensionados. O corpo não se entrega à força da gravidade: o peso é levado através do esqueleto para os pontos de apoio, como a parte da frente dos pés, e sustentado pela musculatura da barriga, das coxas e dos glúteos.

Na medida em que a freqüência e a duração da prática aumentam, poderão sentir um fluxo de força girando entre os dois braços. A regra fundamental é manter absoluta imobilidade mas evitando tornar-se uma estátua rígida. Dirija sua consciência para o interior do seu corpo e busque o domínio neuromuscular e psíquico. Pessoas muito tensas e nervosas devem ficar no máximo 3 minutos em cada posição, a princípio, até melhorar o estado geral.

Quem possui boa saúde pode mergulhar em um sono profundo ou permanecer parado por até 1 hora facilmente. Evite gestos e reflexos involuntários, sem reagir com irritação e sem intervir com os mecanismos internos de ajuste do movimento, equilíbrio e distribuição de peso. Não se preocupe com a respiração. Mantenha esta função conforme a natureza a projetou, controlada pelo sistema nervoso autônomo. Somente quando conseguir observar sua respiração sem influenciá-la é que poderá gerenciar conscientemente este processo com exercícios específicos.

Não oscile, apesar de ser normal mover-se levemente durante determinadas visualizações.

A permanência em cada postura pode variar de pessoa para pessoa de 5 a 20 minutos e quanto mais tempo durar melhor.

Estes exercícios de imobilidade servem basicamente para gerar força de dentro para fora.

O aperfeiçoamento da postura imóvel dentro de uma estrutura natural do corpo é parte insubstituível de todo o processo de treinamento e equivale ao prévio municiamento de uma arma.

Ritsumokuso, a meditação marcial em pé.

2ª Parte:
TAI SABAKI
DESLOCAMENTOS E ESQUIVAS

Carregado da potente energia atmosférica captada na postura imóvel, o praticante caminhará percorrendo uma distância de 5 metros no tempo mínimo de 5 minutos. Um dos objetivos deste método de condicionamento físico é deslocar o corpo sem perder a estabilidade ou dispersar a energia adquirida anteriormente.

Sinta a troca de peso em cada passo bem como a sua distribuição nos pés.

O praticante deverá estar flexível e alerta e ser capaz de mudar o sentido de direção para qualquer ângulo em um momento inesperado.

Ao se fazer este exercício, erga as mãos e deixe os braços atuando como sensores, protegendo seu espaço vital. Cada passo é feito lentamente, sempre respirando naturalmente. Pise primeiro com a ponta dos pés e os calcanhares quase não tocam o chão.

As mesmas recomendações de relaxamento e descontração da postura imóvel valem para os exercícios de deslocamento do corpo e movimento dos membros.

3ª Parte
MISOGUI
PURIFICAÇÃO

Uma vez consciente de que deve se mover de forma integrada, com coordenação e equilíbrio, exercita-se a movimentação nas linhas de circulação de força mais utilizadas nos combates, usando todo o corpo e tendo como fonte de transmissão e receptação da força o núcleo do seu centro gravitacional.

Esta série de exercícios é realizada como se segurasse esferas entre as articulações e as girasse para todos os lados, ora em movimentos conjuntos, ora dissociados, evitando a rigidez. Em todas as fases as técnicas de visualização e intenção otimizam o efeito dos movimentos.

Visualização é como os psicólogos do esporte denominam a prática de imaginar interiormente o transcorrer de um movimento ou as metas de uma ação, a fim de melhorar sua coordenação e execução real. Paralelamente à decomposição do movimento em partes, a concentração no resultado desejado de uma ação (acertar um alvo, por exemplo) mostrou-se de particular eficiência.

Quando, em vez disso, a imaginação se volta para uma sensação física ou para o impulso da execução em si de um movimento, fala-se em "treinamento ideomotor". Os monólogos interiores direcionados que ocorreram durante a permanência na postura imóvel permitem aqui afastar as perturbações oriundas de estímulos exteriores ou pensamentos, ajudando a reforçar a persistência. Tanto quanto possível, o praticante deve se colocar no centro deles, tratar de ações concretas ("mover o braço, esticar, golpear!") e dar-lhes caráter exortativo ("insista!"). Este treinamento autógeno tem por objetivo minorar os medos e tensões.

O AIKIDO centra-se em fórmulas auto-sugestivas, como "estou calmo!" ou "minha perna está muito pesada!'". São fórmulas que o praticante diz a si mesmo, sentado ou deitado confortavelmente, e nas quais se concentra por inteiro empregando os "*olhos da mente*". Em estágios avançados, conseguirá direcionar seu foco mental também para funções corpóreas, tais como a respiração e o pulso. No relaxamento muscular progressivo, a alternância entre contração e distensão de partes do corpo, como ombros ou braços, produz um nítido efeito de relaxamento. Fique atento para perceber como os movimentos se organizam e module a força nos lugares certos.

Todos estes aspectos e outros coadjuvantes são trabalhados desde os estágios iniciais da prática do AIKIDO.

Os exercícios de purificação têm como objetivo principal a reeducação dos movimentos.

Antes de realizar estes exercícios anteriores, imagine-se como um tubo vazio e gigantesco, posicionado entre o céu e a terra, descomunal e incomparavelmente alto como uma torre. Com o movimento das mãos para cima, a energia telúrica dentro do corpo corre diretamente pelo topo da cabeça para o extremo cósmico superior; com o movimento das mãos para baixo, a energia celeste sai através da sola dos pés para os extremos inferiores da terra.

Seguindo os movimentos das mãos, a energia retorna para dentro de seu corpo, de ambos os extremos e depois é emitida na direção oposta. Repita os movimentos alternadamente. No final, encerre movendo as mãos para baixo trazendo a atenção para o umbigo.

4ª Parte
KOKYU RYOKU
EXPLOSÃO

Este exercício de curta emissão de energia é sonoro apesar de quase inaudível. Também é complexo demais para ser suficientemente explicado em palavras.

Em todo caso, é utilizado para "engolir", estocar e emitir a energia manipulada nas três partes anteriores e sucede aqueles exercícios iniciais.

Sua aplicação no combate é indispensável nos níveis intermediários do treinamento e pode ser ampliado mediante um estudo e treino sério de vocalização de determinados sons.

5ª Parte
AIKI TAISO
GINÁSTICA MARCIAL

São exercícios de coordenação e alcance dos membros executados à base de diversos alongamentos das articulações e outros de condicionamento que vibram o corpo e facilitam a circulação do sangue nas suas extremidades. Estes exercícios milenares foram a origem das formas mais antigas de artes marciais. Eles não visam transformar o praticante em uma montanha de músculo disformes, mas sim prepará-lo para situações que exigirão resistência e controle da adrenalina.

Depois da prática, iniciantes serão capazes de adquirir flexibilidade em um curto espaço de tempo.

Apesar da simplicidade dos movimentos, eles controlam num nível macro muitas coisas desenvolvidas pelos demais sistemas de artes marciais internas. Ao fazer estes exercícios o praticante sentirá seu corpo quente e notará a existência de um forte campo de energia. Isto é causado pelo alongamento e abertura de todos os canais e linhas de força que sustentam o corpo, desbloqueando todas as áreas onde a energia estiver bloqueada, mobilizando-a para debaixo da pele até preencher os ossos.

É um dos métodos mais eficientes para fortalecer os órgãos internos. Há também uma série de exercícios com correntes e manoplas.

Uma vez incorporados aos movimentos cotidianos, resultam numa melhor postura e em mais vitalidade para exercer atividades corriqueiras, como sentar-se em frente ao computador e dirigir um automóvel.

6ª Parte
UKEMI
ROLAMENTOS E QUEDAS

O treino da base triangular, da locomoção, dos deslocamentos e das esquivas em conjunto com as técnicas de rolamentos e quedas é essencial e jamais deve ser negligenciado. Estes movimentos compreendem toda a gramática de expressão corporal e são excelentes para o aperfeiçoamento da coordenação motora.

Seus movimentos naturais de rotação, translação, avanço e recuo, elevação e agachamento do corpo, desenhados para preencher toda a esfera de energia do praticante, protegem os órgãos vitais sem desgaste das articulações. Aqui o praticante aprende a dissociar seu corpo em partes distintas sem perder a unificação do centro gravitacional, com equilíbrio até saturar o sistema nervoso com informações sensoriais decorrentes da imaginação.

Vale lembrar que o domínio do corpo durante um rolamento ou queda em solo duro e irregular só é alcançado após três anos de treinamento constante.

Após o aprendizado no tatame passe para o piso liso antes de se aventurar por outros tipos de terreno como asfalto, concreto, pedregulhos e degraus de escada.

Também há o treinamento de rolamentos em ambientes tumultuados e com mobília.

7ª Parte
ATEMI WAZA
GOLPES

É a fase em que os golpes de mãos e pés são moldados com movimentos em espiral e pendulares da pélvis, do tronco e da cabeça. Utiliza-se a força de explosão combinada com esquivas e deslocamentos. São golpes lançados a partir de uma postura relaxada, soltos e sinuosos como uma chicotada e servem para interceptar o *"momentum"* da ofensiva.

É a fase em que escondemos uma agulha numa esponja de algodão...

Kenichi Sawai, o fundador do Taikiken, executando cobertura e avanço sincronizados.

8ª Parte
AIKIKEMPO

Com este exercício se adquire fluidez e segurança no treinamento das manobras do AIKIDO com um progressivo aumento de desempenho no combate real.

São exercícios em duplas para desenvolver a sensibilidade neuromuscular no contacto, controlar o poder gerado nas articulações e atingir o eixo central do oponente (*Chushin*) visando desequilibrá-lo (*Kuzushi*). Através deste contacto circular o praticante aumenta a sua percepção de todos os pontos fracos e fortes da sua linha central e do seu parceiro, enfatizando a visão periférica e a economia de movimentos.

No AIKIKEMPO, desenvolvido à partir do *Boxe Chinês* e do *Aikijitsu* japonês, o princípio de adesão é praticado entre duplas que conectam os pulsos e antebraços entre si em um jogo sutil de controle do eixo central, busca por aberturas na guarda, aplicação de força e absorção de choque resultando em incontáveis vantagens para a luta real, principalmene quando praticado em desvantagem (*Princípio do Handcap*) como olhos vendados ou com impedimento de um dos membros. Outras artes orientais também incluem exercícios similares de ligação, acompanhamento do movimento e sensibilidade no redirecionamento das forças.

Além de servir como modelo de estudo dos princípios técnicos, O AIKIKEMPO serve para aplicar toda a gama de movimentos no combate com a devida energia e segurança, sem perder a sua Integridade Tensional (*Kitai*).

Agora um detalhe crucial do sistema muscular.

O órgão tendinoso de Golgi (OTG) é um receptor de tensão muscular, e fica localizado no tendão do músculo esquelético. *Quando a tensão no tendão atinge um certo limiar, o OTG dispara potenciais de ação nas fibras aferentes (que vão para a medula), e através de conexões com interneurônios inibitórios, produz inibição do músculo homônimo, que se relaxa, aliviando a tensão excessiva. Trata-se de um medidor de um sistema realimentado, com rápida resposta. Percebe-se a ação dessa malha de controle quando estamos carregando um objeto muito pesado e, de repente, o soltamos, como se nosso músculo tivesse sido "desligado" abruptamente. O também chamado aparelho tendinoso de Golgi também impede que danifiquemos nosso próprio tecido esquelético ou muscular com contrações exageradamente fortes.*

Uma vez que este dispositivo de segurança do corpo é ignorado, qualquer treinamento que não leva em conta este limite de contração, só induz padrões que inibem a máxima explosão. Assim, ao invés de aumentar nossa força explosiva de impacto, no treino de aperfeiçoamento de técnicas padronizadas (kata, kati, coreografias, etc.) ocorre o inverso: de tanto dosar a velocidade e o alcance da flexibilidade do movimento, acabamos por delimitar nossa força a certos níveis de intensidade.

Com o AIKIKEMPO isto não ocorre.

Ao darmos livre vazão de movimento ao nosso sistema motor, haverá um aumento dos impulsos elétricos nas fibras musculares, principalmente se realizarmos o movimento inteiro diante de uma resistência, seja ela real ou fictícia.

Em outras palavras, "Isometria Dinâmica".

Por esta razão, unir visualização (imaginação e intenção) com ação sempre será a melhor alternativa para substituir as técnicas rígidas presentes na maioria das artes marciais.

O resto é tarefa de nosso inconsciente, pois lutar é um dom que milhões de anos de evolução nos garantiram para nos capacitar a sobreviver em ambientes hostis.

Uma vez compreendido seus mecanismos de geração de força e poder, a manobra do AIKIKEMPO deve ser transcendida mediante o emprego de alterações súbitas em sua estrutura, ou seja, o praticante se torna mais espontâneo e criativo, com liberdade para gerar variações infinitas sobre um mesmo tema... e surpreender seu atacante!

No AIKIDO a velocidade extrema é alcançada mediante o treinamento de forma ultralenta enquanto impõe máxima resistência. Para se ter uma idéia do AIKIKEMPO experimente lutar em câmera lenta durante 5 minutos!

O esforço de concentração, de foco e de controle neuromuscular do AIKIKEMPO é intenso.

Recapitulando: mediante o treino intensivo do AIKIKEMPO driblamos os mecanismos neurais de segurança da musculatura (OTG) com um risco mínimo de lesão.

A METAFÍSICA DO COMBATE

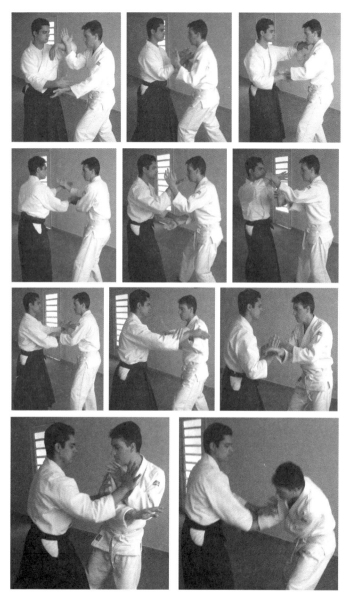

AIKIKEMPO: seqüência de manobras intercaladas e espontâneas. O objetivo é ampliar a sensibilidade e a percepção do Aiki sem ficar preso a padrões rígidos de movimento e postura.

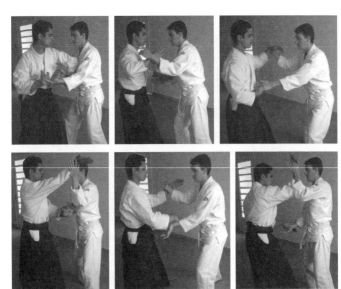

Os movimentos fluídos e contínuos dos tentáculos de um polvo exemplificam bem o conceito original do AIKIKEMPO.

A METAFÍSICA DO COMBATE

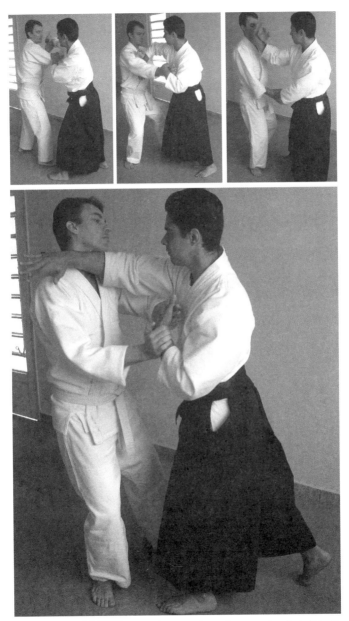

O exercício do AIKIKEMPO nos ensina a encaixar golpes e contra-atacar instantaneamente quando percebemos e exploramos os pontos vazios criados durante os movimentos do parceiro.

9ª Parte
RANDORI

Começa-se primeiro sozinho com uma manobra técnica simples e sem a necessidade de contato direto. Dependendo da disponibilidade de tempo, recomenda-se a prática de 5 "*rounds*" de 3 ou 5 minutos cada para regularizar o fluxo de bioenergia, aumentar a resistência física e obter um benefício anaeróbico duradouro. Quanto mais criativo, ágil e dinâmico no treinamento das manobras, melhores serão os resultados nesta simulação de um combate. Evite golpear com os braços isolados do quadril e acelere aos poucos os movimentos e esquivas.

Este treinamento parecido ao boxe, sombra do pugilismo, é pré-requisito antes de aventurar-se pelo combate em duplas ou com múltiplos atacantes.

Existem também alguns exercícios específicos de defesa contra facas, espadas, bastões e armas de fogo. Os golpes com armas brancas em diversas velocidades, bem como a aparagem de chutes, servem para acostumar a percepção do defensor a ataques inesperados, testar seus reflexos e atiçar seus instintos de sobrevivência.

A Metafísica do Combate

No Aikido não existe bloqueios, porém o corpo deve estar coberto enquanto se esquiva de um golpe.

10ª Parte:
REVISÃO

Neste estágio final, faz-se exercícios coletivos, alongamentos e massagem para restaurar o fluxo natural de bioenergia através do corpo após a liberação de adrenalina. O instrutor irá encerrar a aula e a energia adquirida será mantida no organismo do praticante, bem como a sensação de integração e poder. Carregue este sentimento de união e força ao longo de outras atividades e o treinamento não se limitará a algumas horas semanais. Normalmente o instrutor revisa alguns pontos observados no decorrer da aula e atua como um técnico de um time. Faça perguntas a ele mas não se satisfaça com conhecimentos emprestados até experimentá-los.

KITAI
INTEGRIDADE
TENSIONAL

Em arquitetura e biomecânica, integridade tensional ou "tensegridade" é uma propriedade presente em objetos cujos componentes usam a tração e a compressão de forma combinada, de forma a proporcionar-lhes estabilidade e resistência.

Os animais, bem como outras estruturas biológicas, devem muita da sua resistência à tração e compressão das partes que os constituem. Músculos e ossos trabalham simultaneamente com o intuito de se fortalecer mutuamente. Este gênero de resistência, que se reconhece agora a nível das células, aparece igualmente como uma nova forma de explicação das estruturas biológicas.

"Tensegridade" é a designação dada ao padrão que pode resultar de uma relação de mútuo incremento entre forças contrárias (tração e compressão). Enquanto que a tração (puxar) é contínua, a compressão (empurrar) é descontínua. Em um sistema de tensegridade deste gênero, a tração e a compressão equilibram-se num círculo vectorial fechado onde os vários elementos do sistema se solidarizam com o fim de aumentar a estabilidade estrutural, mantendo-a.

O engenheiro e inventor Buckminster Fuller demonstrou que estes fenômenos fundamentais não eram opostos, mas complementares, aparecendo sempre associados. Fez também ver que o ato de empurrar (compressão) é divergente enquanto que o ato de puxar (tra-

Aos 80 anos as manobras sem contato do fundador Ueshiba já prenunciavam o avanço das descobertas da Física Quântica!

ção) é convergente. A tensegridade resulta, como noutros pares presentes nas leis físicas, da união entre contrários: tal como acontece com a repulsão e a atração em vários sistemas físicos.

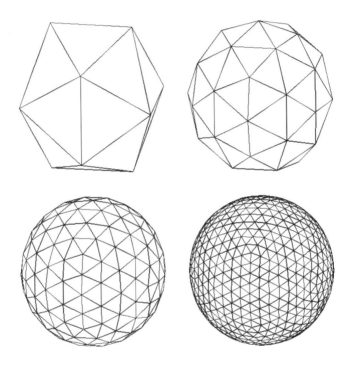

PRINCÍPIOS DA TENSEGRIDADE

Imagine empurrar uma bola de bilhar sobre uma mesa de tampo liso com a ponta de um lápis afiado. A bola fugirá sempre ao lápis, rolando ora numa direção ora noutra. O ato de empurrar (compressão) é divergente. Se imaginar que a bola está presa a um fio e que a puxa para si, ainda que de início a bola oscile devido a outras forças que sobre ela agem, à medida que o fio vai encurtando, a bola oscilará menos e terá cada vez mais tendência em ir na sua direção. O ato de puxar (tração) é convergente.

Outro exemplo retirado do nosso quotidiano: quando puxamos um trailer com um carro. Quando se sobe, puxamos, contrariando a gravidade. O trailer converge para o ponto onde está preso ao carro. Se o trailer começar a balançar (movimento divergente), recomenda-se que se acelere, de forma a aumentar a tração (e, conseqüentemente, o seu movimento convergente em direção ao carro).

Ao conduzir numa descida, no entanto, o pode começar a empurrar, o que levará à entrada em cena de forças laterais divergentes (experimente comprimir os punhos fechados um contra o outro), o que fará o trailer balançar. Quando isto começa a acontecer, os peritos recomendam que se acelere ligeiramente, de modo a restabelecer a força de tração, que, ao ser convergente, endireitará de novo o trailer em relação ao carro.

EXPLICAÇÃO DA TEORIA DA TENSEGRIDADE

Ao descrevermos o funcionamento do corpo dos vertebrados (e, conseqüentemente, do ser humano), podemos facilmente distinguir duas tensegridades. Uma é a que resulta da interação músculo/osso, onde o músculo atua em tração contínua, enquanto os ossos agem através da compressão (descontínua). É a base de toda a mobilidade física destes animais. O sistema nervoso central pode também ser interpretado, estabelecendo uma analogia com a tensegridade, onde neurônios motores e neurônios sensitivos se complementam mutuamente gerando energia vital no processo.

Um exemplo ainda mais comum de tensegridade ocorre nos vulgares balões com que as crianças brincam. Examinando-o como sistema, as paredes de borracha do balão agem em tração contínua sobre o ar no interior, enquanto que moléculas individuais de ar, no interior do balão, comprimem as suas paredes, mantendo-o na sua forma. Todas as forças externas que embatem contra a superfície externa são imediata e continuamente distribuídas sobre o sistema, o que explica a resitência do balão apesar de ser constituído por material tão fino. Da mesma forma, ainda que mais instável devido à maior delicadeza do seu material, funcionam as bolas de sabão.

A tensegridade foi primeiramente explorada pelo escultor Kenneth Snelson, enquanto aluno de Buckminster Fuller, especialmente na sua "Needle Tower" (1968), de 18 metros de altura. Fuller desenvolveu o conceito a partir da idéia de integridade tênsil. As suas cúpulas geodésicas são, elas mesmas, sistemas de tensegridade.

Buckminster Fuller disse:

"Os grandes sistemas estruturais do Universo são formados por ilhas de compressão inseridas num todo contínuo de tensão. Tensegridade deriva de "estruturação de integridades tênseis". Todas as cúpulas geodésicas são estruturas de tensegridade, tanto fazendo que as ilhas diferenciadas de compressão, isoladas do todo tensional, sejam visíveis ou não. As esferas geodésicas de tensegridade fazem o que fazem porque têm as propriedades das estruturas hidráulicas ou pneumáticas insufladas".

Quanto maior for uma tensegridade, mais forte será ela. A cúpula geodésica na Disney World (Flórida) é um bom exemplo. Teoricamente, não há limites para o tamanho de uma tensegridade. Cidades podem ser cobertas por cúpulas geodésicas; até planetas poderiam ser envolvidos por esferas geodésicas.

O físico Donald Ingber (Harvard), explica:

"Os membros de suporte de tensão nestas estruturas – sejam nas cúpulas de Fuller ou as esculturas de Snelson – traçam os caminhos mais curtos entre membros adjacentes (logo, por definição, estão dispostos geodesicamente). As forças tênseis transmitem-se naturalmente através do trajeto mais curto entre dois pontos, por isso, os membros de uma estrutura de tensegridade estão situados precisamente onde sustêm mais eficazmente a pressão".

HARA
O PODER DO CENTRO GRAVITACIONAL

"A única diferença entre o cobre, o chumbo, o ouro, a prata, a madeira, as pedras e o seu relógio de pulso reside no número e na velocidade de elétrons em torno de um núcleo."

Joseph Murphy (1898 ~1981)

A PRÁTICA DO AIKIDO começa pela imobilidade, essencial na formação de um centro de gravidade estável para captar, armazenar, converter e orientar as energias que irão convergir e acumular ali, dando-lhe posteriormente um uso marcial e dinâmico.

Por exemplo, ao se golpear e movimentar simultaneamente, no começo o praticante de artes marciais precisará balançar seus braços para mover sua intenção e aprender a liberar força cinética em ondas. Ao atingir este estágio, a energia contida na massa de seu corpo começará a funcionar e irá gerar um campo. Esta redoma, cujo núcleo original localiza-se no baixo ventre do praticante, o centro gravitacional, simboliza o macro contido no micro*.

Este centro possui uma inteligência independente porque contém uma matéria sutil e evoluída, existe em uma dimensão atemporal e é controlada diretamente pelo inconsciente.

---

*Nota do autor: no homem moderno este centro se deformou e foi deslocado de seu ponto de origem e está projetado na periferia do corpo, na altura das costas.

Ao ser atacado, o praticante não precisará mover sua bioenergia; este campo esférico atuará instintivamente. Isto se explica porque, ao contrário das artes marciais "duras", o AIKIDO não trabalha indefinidamente na manipulação "mano a mano".

Os movimentos com origem no centro gravitacional ocultam técnicas naturais de combate altamente eficazes e de uma rara simplicidade. Os poderes da mente serão despertados e vão aflorar. Estas e outras habilidades extrafísicas se originam da prática simultânea das artes marciais e do cultivo do caráter e das virtudes humanas.

Para aprimorar-se internamente, a pessoa precisa valorizar as virtudes e polir sua moral. Explicada de uma perspectiva teórica, quando a habilidade e a inteligência de uma pessoa alcançar um certo nível, seu campo energético será emitido do interior do corpo para o exterior.

Como esta expansão gera inevitavelmente uma atração eletromagnética reversa (Lei da Ação e da Reação), as moléculas ao redor serão forçadas a se aproximarem mais do centro de gravidade, fazendo com que sua área seja mais condensada. Este núcleo se tornará um escudo circular protetor por causa desta alta densidade. Para um volume fixo conter toda essa quantidade de energia, a forma geométrica mais econômica e com menor área de superfície é a esfera (uma ruptura em qualquer ponto na unidade desta bolha, que todas as pessoas possuem em maior ou menor grau, provocará um desvio na integridade do organismo e afetará a sua segurança em todos os níveis).

Quanto mais compacta for esta esfera, maior será sua resistência contra deformidades. Ao ser atingida ela irá oscilar um pouco mas voltará ao formato redondo, pois, além da perfeita simetria, a esfera é também a forma mais eficiente para conter energia que existe na natureza. Isso evita a entropia no sistema facilitando um intercâmbio com o exterior sem a completa dissolução no vácuo ou a "combustão" da sua própria substância.

As artes marciais externas são praticadas com movimentos vigorosos sem que seus praticantes entrem em um estado de tranqüilidade com a sensação de estar flutuando na atmosfera. Não sendo interiormente pacíficos fazem com que a energia flua debaixo da pele e passe através dos músculos ao invés de fluir para o centro gravitacional da pessoa e impregnar seus ossos até a medula. Portanto, eles não são capazes de cultivar a longevidade. O AIKIDO é um sistema especial e intenso de cultivo interno para distribuição da energia vital. Normalmente as artes marciais internas como o *Boxe Chinês* e o *Aikijitsu* requer de seus praticantes grande disponibilidade de tempo para se dedicar na prática.

Para que mais praticantes se aprimorem e ao mesmo tempo as necessidades de um número massivo de alunos dedicados sejam atendidas, reestruturei o currículo de treinamento destas artes.

O AIKIDO sistematizado no século XX a partir destas artes marciais milenares, representa o conhecimento de uma ancestral estirpe de guerreiros (*bushi*), regido pelos mais antigo princípio gerador das artes marciais: o AIKI.

Nosso centro gravitacional possui a mesma natureza que o Universo por ser uma miniatura do cosmos. Os praticante do AIKIDO não somente desenvolvem rapidamente suas habilidades marciais e a potência de seus golpes, eles desenvolvem também um corpo incomparavelmente poderoso ao longo dos anos de treinamento disciplinado, sem depender do vigor da juventude. Uma vez desenvolvido, o centro de gravidade existe na forma de uma entidade inteligente como um segundo cérebro e gira automaticamente sem parar na área do abdômen do praticante, constantemente absorvendo e transformando a energia da atmosfera para convertê-la na bioenergia do corpo etérico. Conseqüentemente, seu efeito de purificar o praticante é alcançado.

Isso significa que o AIKIDO refina constantemente o praticante mesmo que ele não medite a cada minuto. Internamente ele torna a pessoa mais forte e saudável, mais criativa e sábia e protege o praticante de se desviar do caminho reto. Ele também pode protegê-lo de interferência de indivíduos com energia inferior e evita o vampirismo psíquico (vulgarmente chamado de "mau-olhado" e "olho gordo"). Externamente, o AIKIDO, graças ao cultivo deste centro, pode curar doenças e eliminar males para outros, retificando todas as condições anormais ao seu redor.

Uma particularidade misteriosa é que este centro energético no praticante, uma vez ativado, circula continuamente na área abdominal inferior e na região do plexo solar alternadamente, subindo e descendo, girando nos dois sentidos e com translação nas três órbitas dimensionais. Ao girar no sentido horário e em espiral, ele absorve a energia do Universo. Este centro pode ser melhor visualizado como um "ser" dinâmico em forma de vórtice equivalente a um *chakra*, constantemente girando em espiral para todas as direções, como um giroscópio em cujo eixo manifestam-se diversos movimentos orbitais. Essa velocidade de rotação torna-se mais rápida à medida que a potência natural da pessoa se fortalece. Este é um estado que só pode ser alcançado por tentativas deliberadas de captar e acumular bioenergia. Ao girar no sentido contrário do relógio, da esquerda para a direita, o centro gravitacional libera energia e fornece saúde a todos os seres, corrigindo disfunções neste processo. As pessoas ao redor do praticante também se beneficiam desta aura positiva de magnetismo.

Com o passar do tempo e a prática ininterrupta da imobilidade, o corpo transforma-se em um canal de fluxo contínuo de energia sem qualquer bloqueio, conectado ao céu e à terra, poderoso como um dínamo com um potente ímã supercondutor. Esta circulação livre de energia coloca o praticante em equilíbrio com a atmosfera, evita doenças e aumenta a força do pensamento, da memória e do raciocínio. A vontade e a intenção atuarão automaticamente sobre a qualidade deste estoque de energia. A atividade cerebral é regulada e suas ramificações nervosas, coincidentes com os meridianos da Medicina Tradicional Chinesa, distribuem a bioenergia pelo corpo todo. Este processo resulta então num dos maiores segredos dos grandes mestres: o domínio sobre a Gravidade, a força misteriosa que ainda desafia os cientistas.

Ao se tornar um pilar de energia, o praticante anula a gravidade e a redireciona para onde sua intenção for requerida no combate, não importa o ponto em que foi feito o contato.

Para ilustrar, enquanto praticava com alguns dos grandes mestres das artes marciais internas eu sentia ser desequilibrado facilmente e não conseguia compreender a mecânica envolvida neste redirecionamento de forças. Por mais que resistisse, cedesse ou tentasse relaxar, alternando tensão e ausência de força, sempre era desequilibrado ao exercer o menor contato, dando-me a impressão de estar lutando ora contra o vento ora contra uma muralha de concreto!

Os mestres destas artes internas, em especial do *Boxe Chinês*, são igualmente notórios por gerar verdadeiras "descargas elétricas" com o mínimo de contração muscular e movimento. O famoso soco de zero polegada é uma pequena amostra deste poder.

Somente depois de alguns anos de treinamento intensivo de meditação através da *Imobilidade Dinâmi-*

ca (Ritsumokuso) é que senti os princípios da bipolaridade atuando na minha própria estrutura física.

Posteriormente a explicação para o poder destes mestres em repelir ou aprisionar seus oponentes sem o uso da força bruta ficou transparente e o enigma foi resolvido. Para demonstrar a aplicação deste princípio fenomenal, encontrei no trem-bala e nos insetos dois ótimos exemplos.

Neste ponto revisaremos a seguir o tópico que trata da bioenergia e das leis físicas que a regem.

Antigos mestres chineses praticando o milenar exercício da Imobilidade Dinâmica (Ritsumokuso). Na China estas práticas de postura e controle do movimento parecidos com os ásanas do Yoga indiano são chamados de Chi Kung.

UMA NOVA VISÃO SOBRE A ENERGIA KI

A bipolaridade do átomo representada pelos prótons e elétrons estabelece dois tipos de carga elétrica respectivamente: as de sinal negativo (–) e positivo (+), ou no jargão das artes marciais, Yin e Yang. Os prótons estão sempre colados ao núcleo do átomo enquanto os elétrons orbitam ao seu redor caoticamente. Quando um corpo perde elétrons, fica carregado de carga positiva e adquire a capacidade de atrair os elétrons de outros corpos.

Aqui não se deve confundir qualidade com quantidade de energia.

Um corpo com carga – tem uma qualidade Yin e um outro com carga +, tem uma qualidade Yang. Todavia, não importando a qualidade de carga, se positiva ou negativa, um corpo sempre tem um excedente quantitativo de uma ou outra qualidade. Apesar de paradoxal, o equilíbrio entre o interno e o externo das coisas reside nesta diferença de quantidade no fenômeno da energia. Logo, uma das suas leis naturais estabelece que o corpo com menor quantidade de carga, independente da sua qualidade, atrai outro com uma quantidade ligeiramente maior.

Quanto maior a quantidade de carga de elétrons em um corpo, ou seja, quanto maior a quantidade de energia, menor será sua temperatura e sua força pois estará saturada de energia impossibilitando seu dispêndio.

Já um corpo com uma quantidade baixa de energia não significa pouca força ou falta de vigor.

Ao contrário. Quanto menor a quantidade de energia em um corpo maior será sua capacidade de gerar calor enquanto consome energia de outras fontes.

É nesta troca de energia constante entre a matéria e o seu meio ambiente que propiciam a vida, decorrendo a observação de uma outra lei: nada sobrevive na sua for-

A energia elétrica é o movimento dos elétrons. Para que um elemento seja um bom condutor ele precisa ter muitos elétrons livres. Veja o modelo do átomo. Os elétrons (−) ficam em órbitas ao redor do núcleo (+). Essas órbitas têm números máximos de elétrons, determinados pela conjunção da força de atração do núcleo, por um lado, e da força de repulsão, causada pela rotação do elétron, de outra. Caso o átomo não tenha a sua última camada totalmente preenchida, ele tende a uma de duas situações: perder (arremessar) os elétrons de sua camada "incompleta" ou capturar (atrair e imobilizar) elétrons de outro átomo para preencher sua última camada. Quanto menor a energia necessária para arrancar os elétrons de um átomo maior a capacidade de condução de um elemento.

ma natural em ambientes com quantidade muito superiores ou inferiores de carga. Há um limite.

No caso do ser humano, vivemos em harmonia sob a superfície do planeta Terra respirando os gases presentes na atmosfera que filtram os raios solares, absorvendo sua energia gradualmente pela pele e pela alimentação. Se mudarmos para um outro ambiente onde a carga de energia está muito acima ou muito abaixo da nossa, como um pico de uma montanha ou as profundezas de uma caverna, nossa sobrevida se reduz drasticamente. Assim ocorre com cada espécie de ser vivo, tanto terrestre, quanto aquático e aéreo.

Extraímos mais leis energéticas deste tema: o mundo é composto por uma mesma energia dividida em duas forças de quantidades diferentes que ficam em constante interação. Os chineses antigos simbolizaram perfeitamente esta lei no desenho esotérico do *Taichitu* e dos Trigramas do *Pakua* usados na radiestesia e no I Ching.

Outra lei estabelece que uma quantidade muito grande de energia facilita a ação do pensamento sobre a matéria sem a necessidade de exercer força física sobre o foco que intenciona atingir. Por outro lado, uma quantidade menor de energia anima um corpo com capacidade maior de gerar força. Os animais em especial têm pouca energia em suas células e tendem a empregar mais a força muscular do que o pensamento ao longo de sua existência.

Nesta escala evolutiva decrescente, os insetos possuem, proporcionalmente, muito mais força e menos energia do que os animais. Esta defasagem de energia interna atrai uma outra forma abundante de energia presente no planeta: a gravidade, que nada mais é do que o caminho percorrido pela energia em direção ao centro da Terra. Ao atrair a gravidade para seu interior e anular seu poder de atrair o corpo para o solo, é gerado um campo de força eletromagnético ao redor do inseto e a seu favor que o "levita" acima do chão. O mesmo ocorre entre os trilhos magnetizados do trem-bala japonês, eliminando o atrito sem contato com as rodas e favorecendo uma velocidade de deslocamento de peso surpreendente.

De forma similar, na superfície lunar onde a quantidade de energia é muito maior do que a presente no interior do corpo humano, um astronauta pode saltar facilmente a distância de vários metros mesmo vestindo um traje carregado de equipamentos pesados.

Outras inúmeras leis naturais podem ser destiladas deste relativismo da energia e milhares de mistérios intrigantes podem ser explicados.

Os grandes mestres das artes marciais intuíram filosoficamente estes princípios e os aplicaram em seu treinamento atingindo níveis tão elevados que parecem desafiar a Física.

A prática da postura imóvel é o principal meio para desbloquear os canais do corpo enquanto o carrega com uma quantidade maior de energia pura absorvida da atmosfera e dos raios cósmicos. Este processo não tem contra-indicações, mas é lento, gradual e incessante. Cada dia de prática equivale a colocar uma folha fina sobre a outra: somente após décadas teremos uma pilha de papéis com uma altura respeitável.

Após adquirir esta energia e transmutar seu corpo em um potente dínamo condutor, resta ao praticante administrar este poder de acordo com sua requisição no combate, ora atraindo (absorvendo), ora repelindo (emitindo) o ataque.

A intenção psíquica dirige a energia com a força de vontade desimpedida e a criatividade técnica se desenvolve naturalmente. Neste ponto o AIKIDO é um sistema de autodefesa que refina a bioenergia do praticante e a transmuta. Quando atacado, o praticante simplesmente confunde o campo de influência sensorial do oponente que sentirá um desnorteamento e/ou um espasmo no instante em que invadir o perímetro da esfera em volta do praticante, como se ingressasse em uma outra dimensão ou como se estivesse caindo em um abismo. Vítima desta ilusão ele poderá ser arremessado ou "imobilizado" instantaneamente com o mínimo contato e dispêndio de força por parte do praticante.

Através da prática destes exercícios especiais projetados para inovar as sessões de treinamento, os praticantes podem ampliar seus canais bioenergéticos cada vez mais, conectando-os para torná-los um só em uma grande esfera e estarem imunes à este mesmo ataque psíquico, evitando a apatia diante de um adversário intimidador.

Reconhecer o centro de si mesmo, esta entidade extrafísica que anima a vida, molda nosso comportamento e dá suporte para outros estágios de consciência, conduz a pessoa para o advento de uma percepção nãocognitiva do Universo, uma chave-mestra que abre portas para que esta percepção possa ser usada na unificação da arte marcial com a vida cotidiana aumentando a qualidade de vida.

CULTIVO DA ENERGIA PSÍQUICA

O cérebro humano funciona como uma bateria com dois tipos de energia diferentes que se complementam: a física (elétrica) e a psíquica (química).

A energia psíquica é a radiação químico-eletromagnética (reação iônica dos radicais químicos) que nossas células produzem e que inclusive pode ser fotografada. Se observarmos atentamente a estrutura atômica do nosso corpo, constataremos que somos enormes pilhas e ótimos condutores de eletricidade (vide o sistema nervoso, muscular e sanguíneo).

Não confundir psiquismo com paranormalidade!

Os melhores lutadores são aqueles que sabem administrar o coquetel de adrenalina, dopamina e serotonina (entre outras substâncias e hormônios) que seu sistema nervoso produz e extrair desta energia o poder para incapacitar seu(s) adversários(s) no menor tempo possível!

Mas...

Não há nenhum aparelho capaz de assegurar a habilidade de atrair a força psíquica e ampliar o casulo de força do corpo.

Contudo, ficar imóvel em determinada postura, conforme praticado por especialistas das artes marciais, pode desenvolver esta capacidade (desde que se utilize a visualização, a imagem e a técnica de projeção correta, aproveitando todos os recursos "psíquicos" do cérebro).

A imobilidade aplicada no controle da integridade tensional acalma os nervos, afia as percepções e regula a respiração, e por isso foi adotada no currículo de treinamento do AIKIDO.

Quando uma pessoa começa esta prática, sua mente está repleta com todo o tipo de pensamentos. Neste estado de desordem interna em breve experimentará dor nas mãos, pés, ombros ou quadris. Quando isto acontecer, todos os seus pensamentos se concentrarão na parte do corpo que dói, e ele não poderá pensar em qualquer outra coisa. Quem vence estes desconfortos por um período de alguns meses, será capaz de extrair um prazer refrescante desta prática. Depois que a pessoa se conscientizar disso, o poder psíquico começará a crescer junto com a sua maturidade. Eu duvidava disso enquando praticava a meditação em pé com meus professores, sem saber o quanto este exercício milenar seria bom para mim. Quando eu me sentia frustrado, me lembrava do que os mestres falavam: *"Mesmo se explicarmos o Ki (leia "energia psíquica") centenas de vezes, isso não será entendido; é algo a ser experimentado".* Hoje eu aconselho o mesmo.

Se alguém achar que é impossível cultivar a si mesmo através do treinamento da imobilidade ele nunca conseguirá realmente emitir uma onda de choque (para se ter uma idéia desta habilidade, repare no tremor, com o corpo inteiro, que um cavalo produz quando uma mosca se assenta em seu dorso... esta força de impulso que vibra todas as células é a responsável por esta onda de choque explosiva indispensável na luta para se ter "poder de parada").

O fato do controle desta energia vital não ser de fácil domínio é que o torna imensamente valioso nas artes marciais em geral e nas práticas meditativas e espiritualistas em especial.

Apesar da dificuldade de explicar o significado profundo desta energia em palavras, penso que é possível demonstrar algo de sua natureza recorrendo ao giro de um pião de brinquedo. O pião vira rapidamente sobre seu eixo, fica em pé e aparentemente se imobiliza, mas qualquer objeto que entra em contato com sua tangente sofre uma vigorosa colisão sendo instantaneamente arremessado. Quem pratica artes marciais geradoras deste tipo de poder se assemelham a este pião. No exterior ele parece perfeitamente tranqüilo, porém, quando um oponente entra em contato com ele é afugentado imediatamente por essa energia invisível que emana do fundo da alma.

SAÚDE & GINÁSTICA

"Tudo aquilo que não me destrói, me fortalece!"

Nietzsche

O AIKIDO POSSUI UM SISTEMA autônomo de cultivo de energia para uso marcial, medicinal e meditativo. O ato de cura está intimamente ligado ao ato da guerra. É importante notar que o AIKIDO em sua forma original, não contém exercícios físicos do tipo praticado na Educação Física moderna. Por isso, o AIKIDO não é nenhum tipo de calistenia nem modalidade alguma de Educação Física.

Uma prática comum do AIKIDO vai muito além das técnicas corporais e não são puramente físicas pois compreende técnicas bioenergéticas, emocionais, mentais e psíquicas, utilizando exercícios milenares de meditação, purificação, relaxamento, respiração e concentração.

Estas funções não pertencem ao campo da Educação Física, pois as regras e princípios do AIKIDO são completamente diferentes dos adotados pela ginástica ocidental.

O fato das artes marciais às vezes serem utilizadas como uma "terapia" não deve desfigurar a sua identidade real, que é notoriamente uma filosofia marcial de combate puro.

Se ficar restrito a seu lado de manutenção de saúde ou praticado de um jeito "esportivo", perderá sua função e não produzirá os efeitos a que se propõe como um sistema de autodefesa universal genuíno e regenerador.

Em geral, a maioria dos exercícios de atletismo tendem a ocasionar um estresse excessivo em determinadas partes da anatomia, acarretando lesões típicas dos atletas tais como distensões, desgastes nas articulações, desalinhamentos ósseos, desproporcionalidades na simetria dos membros, e nos aspectos emocionais origina a ansiedade e os exageros e abusos da vaidade ancorada apenas na busca da silhueta ideal sem atentar para as conseqüências futuras.

Também, quem está debilitado tem acesso restrito a estes esportes e se insistem em praticá-los, estas pessoas acabam se machucando ainda mais e a longo prazo podem comprometer seriamente a sua saúde.

No passado muitos artistas marciais proeminentes gastaram suas vidas praticando exercícios antinaturais e bizarros. Quando completaram 50 anos de idade sofreram com as seqüelas e reduziram sua longevidade. O resultado de anos de competição agressiva, adrenalina e demanda excessiva do coração e da capacidade pulmonar acarretam desde enfartes fulminantes até derrame cerebral, reumatismo e câncer.

Se o exercício é inapropriado, o resultado será a fadiga, o processo de regeneração será retardado, a pressão sanguínea será anormal e a saúde conseqüentemente será prejudicada. Em geral a maioria das pessoas "suam a camisa" nas academias de ginástica e nas pistas de corrida, mas quando o coração acelera ao extremo são obrigadas a parar para se recompor até os batimentos cardíacos e a respiração normalizarem. E, ao término deste exercício, ele ainda estará exausto.

O AIKIDO oferece uma outra alternativa para estimular o corpo sem exaurir sua reservas energéticas no processo: o *"Suburi"* com correntes.

Neste exercício vigoroso de corte e estocada com correntes de metal simulando um sabre, mas executado de forma ondulante, os ligamentos, os músculos, os ossos, o sangue, cada órgão e célula funcionarão de um jeito natural sem danificar internamente o corpo.

Mesmo quando se pratica corretamente estes exercícios, o corpo também se fadiga e ele terá que observar um certo período de recuperação. Mas o coração não é acelerado além de sua capacidade e a respiração não se torna incompleta e ofegante. Ao contrário, depois da prática, respiramos muito melhor, a circulação sanguínea se torna mais regular e inúmeras pessoas recuperam sua saúde debilitada com apenas alguns meses de treinamento dedicado.

Os músculos do cinturão abdominal, coluna e glúteos responsáveis por manter o corpo ereto são trabalhados em conjunto nas manobras sem risco de lesão, uma vez que o AIKIDO recomenda manter o corpo como uma estrutura íntegra, compacta mas articulada e flexível. Seu sistema de golpes, deslocamentos e manutenção do equilíbrio, evita o desgaste das articulações e o praticante terá a sua disposição uma ferramenta vitalícia para sua segurança pessoal em casos de acidentes, fortalecendo os ossos e aumentando a sensibilidade tátil e motora. A respiração e a pressão permanecem regulares durante as manobras e o praticante não será lesionado graças à tecnologia marcial das manobras desenhadas para dar segurança a quem as recebe.

Como o sistema nervoso não é hiperestimulado além do necessário, o treinamento não resulta em tensões e agressividade causadas por alguma forma de descontrole hormonal nas glândulas. Na verdade o praticante se torna descontraído e tende a acumular energia positiva ampliando a expectativa e qualidade de vida, aumentando sua imunidade às doenças, e conforme alguns especialistas, passa a ter o "corpo fechado" contra acidentes e infortúnios.

Ao alongar pescoço, pulsos, pés e coluna, todos os ligamentos do corpo são alongados e fortalecidos. O praticante de AIKIDO não usa excesso de força física ou unilateralidade dos membros, sempre treinando os dois hemisférios do cérebro. É por si só uma arte marcial fascinante e vai muito além da "malhação". Quando visto pelo seu lado social, a prática integrativa em massa do AIKIDO em espaços amplos supera em muito a prática solitária e narcisista nas academias fechadas de ginástica. O intercâmbio entre os praticantes e o vasto mundo das artes marciais são inesgotáveis e ao ingressar no AIKIDO você estará ampliando sua rede de amizades.

Como no aspecto marcial o AIKIDO é uma arte instintiva e não um compêndio de golpes, ataques, padrões, formas, rotinas e outras habilidades fixas e fragmentadas, é de extraordinária utilidade para todos que buscarem em sua prática procedimentos sensíveis, não mecânicos ou condicionadores. Conclui-se que sua quintessência reside na diversidade e na abundância encontrada em todo o Universo.

Esta característica deve ser transposta para todos os setores da vida e seus relacionamentos. Como sistema de saúde, pesquise várias alternativas de alimentação e dietas, variando constantemente os ingredientes, fazendo experiências gastronômicas, sempre comendo frugalmente. Em pouco tempo você criará paladar e olfato apurados para os melhores alimentos e deixará de consumir todo produto artificial.

Jejuns esporádicos são recomendáveis para limpar o organismo de toxinas e forjar o espírito de determinação.

Outro conselho é buscar sempre o contacto direto com a natureza, pisando descalço na terra, nadando em rios e no mar, tomando rápidos banhos frios em qualquer estação do ano, dormindo ao relento quando o clima e o local permitir, andando em parques arborizados e despoluídos e, é claro, treinando regularmente o AIKIDO. Estas e outras atividades podem ser adotadas sem prejuízo, seguindo os conselhos anteriores: experimentar, catalogar, testar e adotar, reciclando várias vezes esta busca por atividades prazerosas ao ar livre, mantendo-se constantemente em movimento e pesquisa.

ATITUDE CONSTRUTIVA É O LEMA!

É na rotina diária que adquirimos hábitos e vícios. Um outro aviso de suma importância alerta sobre o papel da atividade sexual moderada na vida. Se o seu objetivo é recuperar sua saúde e acumular energia para empregar em outras atividades de seu interesse, evite desperdiçar a sua vitalidade com o sexo desenfreado.

Mais uma vez aplica-se a regra de ouro da moderação ancorada no estudo ininterrupto e na busca constante por diversidade e novas alternativas.

O hábito da leitura, da oração e da meditação complementam todos os melhores sistemas de saúde.

Finalmente, reduza a sua exposição aos apelos da mídia, assistindo menos TV, ficando menos tempo diante de uma tela eletrônica. Cuide para que tudo aquilo que o seu corpo capta através dos cinco sentidos seja o mais puro e saudável possível, tanto em nível substancial quanto no âmbito das idéias.

Quando você puder inventar seu próprio sistema de manutenção da saúde e mantê-lo sob constante recriação, estará cumprindo com as principais máximas do AIKIDO:

1 – Evitando a repetição mecânica;
2 – Treinando sempre;
3 – Pesquisando sempre;
4 – Sendo tenaz e convicto;
5 – Confiando na percepção e experiência própria;
6 – Abolindo todas as relações de dependência;
7 – Protegendo a si mesmo e as futuras gerações, assumindo responsabilidade como guardião de todas as criaturas;
8 – Fazendo da disciplina um meio e não um fim.

Estátuas olmecas mesoamericanas em uma postura típica
do Chi Kung chinês denominada Wu Ji.

Outros estilos de esculturas olmecas: modelos com fisionomia e compleição física típica dos povos orientais. Acredita-se que este povo habitou a América Central há mais de 7 mil anos.

A METAFÍSICA DO COMBATE

Artefatos olmecas (antigo povo mesoamericano) de mais de 2.000 anos demonstram posturas de alinhamento corporal idênticos aos praticados no Chi Kung chinês, no Yôga indiano e até com os exercícios ocidentais de alongamentos (Stretching).

Ginásticas Necessárias

(Trecho do livro do médico brasileiro José Róiz intitulado "Esporte Mata!" da Editora Casa Amarela, 2004.)

"O exercício de flexionar vinte vezes diariamente a cabeça para trás corrige o excesso de flexões anteriores que a maioria das pessoas quase faz permanentemente. Para fortalecer os músculos da parte ínfero-posterior do tronco, deite de costas e eleve as nádegas, aproximando-as uma da outra cinqüenta vezes ao dia. Julgo também conveniente realizar flexões laterais do tronco e o exercício de elevar os dois braços estendidos acima da cabeça, vinte vezes por dia. Parta da posição reta e, alternadamente, incline o tronco para os dois lados, de modo que a mão correspondente à inclinação do corpo toque a perna com a ponta dos dedos e a outra se eleve no sentido contrário.

As flexões laterias do tronco têm a vantagem de evitar o enrijecimento da coluna que aparece com a idade e comumente se observa nas pessoas muito idosas. Muitos velhos caminham sem nenhuma flexibilidade do corpo, movimentando somente as pernas. A elevação dos braços estendidos até a altura das orelhas traz a vantagem de movimentar a articulação do ombro, geralmente pouco exercitada. Suponho que a falta deste exercício contribua de algum modo para o aparecimento da bursite.

As quatro ginásticas são recomendadas para as pessoas que já passaram dos 30 anos de idade e devem ser praticadas ininterruptamente. São as únicas que todas as pessoas devem fazer diariamente, com exceção dos que têm o hábito de jogar vôlei, pois na prática desse esporte já estão executados todos os referidos movimentos. Desse modo, podemos afirmar que não existe esporte melhor do que o vôlei, que é até superior às longas caminhadas, porque além de propiciar um meio de gastar o excesso de calorias, ainda se fazem ginásticas para neutralizar os efeitos das posturas viciosas que, negligentemente, na maioria das vezes, somos obrigados a assumir todos os dias.

As ginásticas que recomendo, eu as faço todos os dias, mas gostaria que ninguém fosse obrigado a praticá-las, pois é muito desagradável sujeitar-se a fazer qualquer coisa. Na época em que vivemos, de vida sedentária, é preciso fazer algum tipo de exercício. Do contrário, cairemos na categoria dos que têm excesso de peso – que, por sinal, é a maioria. Isso se não avançarmos um pouco, à classe dos gordinhos, em que a deformidade do corpo é mais acentuada, com sérios prejuízos para o organismo e inclinação para muitas doenças, como diabete, hipertensão etc.

O exercício escolhido, no entanto, não deve ser o do tipo violento. Devemos optar pelo exercício mais leve, que elimina o excesso de gordura acumulado, sem padecimento. As longas caminhadas permitem alcançar esse objetivo. Ao caminhar, deslocamos o peso do corpo de um lugar para outro. E, se foi longo o trajeto percorrido, grande também será o trabalho realizado e, conseqüentemente, a produção de energia e a perda de peso.

Entre os esportes convencionais, o voleibol permite longas caminhadas no plano e a realização das ginásticas mais necessárias – as que contraem os músculos posteriores, situados ao longo da coluna vertebral, sempre relegadas para segundo plano nas atividades diárias. E o que não funciona atrofia, como o braço que ficou gessado por quarenta dias. Na nuca de uma pessoa idosa, por exemplo, quase não há mais músculos. É somente pele e osso. Na região lombar acontece o mesmo e o resultado é a aproximação anterior dos corpos vertebrais, esmagando a raiz de alguns nervos e provocando o aparecimento de fenômenos dolorosos, às vezes bastante intensos.

A melhor maneira de evitar isso seria a prática do vôlei desde a adolescência, porque nesse esporte contrai-se a musculatura posterior da coluna vertebral, compensando, pelo menos em parte, o excesso de contração da musculatura anterior dessa região. Além disso, ainda obtém-se o benefício de inclinar a coluna, ora, para um lado, ora para outro, e de erguer os braços acima da cabeça. Mas – advirto – o vôlei competitivo, aquele que torna o indivíduo um atleta do esporte, obrigando-o a praticá-lo em excesso, é prejudicial à saúde. Haja vista as lesões de joelho, coluna e ombro, que costumam aparecer nos desportistas do vôlei competitivo, muitos dos quais treinam até seis horas diariamente. Aliás, o aparecimento dessas lesões entre os voleibolistas é uma demonstração insofismável da verdade que está por trás da célebre frase: *in medio virtus* – a virtude está no meio. Serve também para evidenciar que somos excessivamente carentes e estamos sempre preocupados em valorizar exageradamente nosso ego."

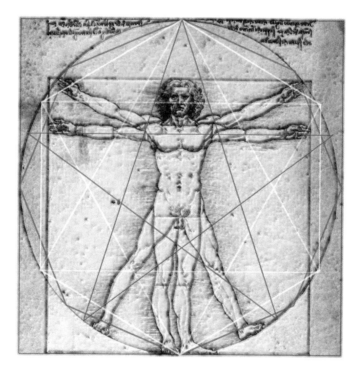

Desenho do "Homem Vitruviano", de Leonardo da Vinci, considerado um dos precursores dos estudos de anatomia e biomecânica. Acredita-se que os antigos praticantes de artes marciais também dissecavam corpos em busca do conhecimento anatômico capaz de ampliar o poder de seus golpes e alavancas.

A BIOMECÂNICA

*"Um pequeno movimento é melhor do que um grande.
Nenhum movimento é melhor do que um pequeno.
A origem do movimento está na imobilidade"*

Provérbio Chinês das Artes Marciais

A BIOMECÂNICA utiliza leis da Física e conceitos de engenharia para descrever movimentos realizados por vários segmentos corpóreos e forças que agem sobre estas partes do corpo durante atividades normais da vida diária. É uma ciência multidisciplinar que requer a combinação de elementos das ciências físicas e da engenharia com as ciências biológicas e comportamentais.

Se houver um abuso do estresse biomecânico, como ocorre na maioria das artes marciais e esportes de impacto, lesões graves podem ocorrer a partir da deterioração gradual dos tecidos ao longo dos anos de treinamento. O AIKIDO, essencialmente de natureza cinestésica, é baseado em evidências experimentais e movimentos espontâneos, justamente para evitar esses danos.

A biomecânica, um ramo recente da ergonomia, estuda a estrutura e o movimento do corpo humano a partir de suas três áreas principais: a Cinesiologia, a Cinemática e a Cinética.

A Cinesiologia abrange toda a área do movimento humano e se restringe à anatomia funcional.

A Cinemática descreve o movimento de todo o corpo ou dos segmentos corpóreos principais, independentes das forças que causam o movimento.

A Cinética abrange todas as forças relacionadas ao movimento dos corpos.

Não basta apenas estudar a balística dos movimentos, seus eixos e os diversos tipos de trajetórias e de força gerada. O potencial psíquico humano vai muito além disso e não deve ser negligenciado. Um estudo da musculatura, do esqueleto e da fisiologia do exercício complementam a biomecânica marcial do AIKIDO, permitindo montar estruturas de ataque, como roldanas e alavancas para transferência de peso e aceleração da velocidade dos movimentos.

Outra descoberta da biomecânica trata dos movimentos possíveis do corpo e dos melhores ângulos e posturas para exercer força extrema sem risco de lesão (enquanto um músculo tenso encurta, um músculo relaxado se alonga).

Basicamente o corpo é uma estrutura tridimensional e triplamente articulada que se move em três planos distintos. No plano horizontal podemos avançar e recuar, ir para a direita e para a esquerda. No plano vertical podemos subir e descer e no plano neutro podemos rotacionar o corpo nos dois sentidos. Da combinação destes planos associados aos movimentos dos membros e da cabeça surgem os golpes livres e naturais empregados no AIKIDO sem coreografias estilizadas.

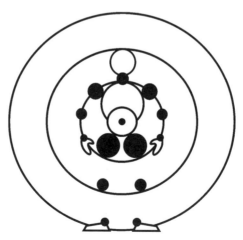

As 13 articulações principais do corpo e os 7 pontos de tangência do movimento humano.

Ao aprofundar-se um pouco mais nesta ampla gama de movimentos possíveis, veremos que nossos membros compartilham de determinadas características motrizes. Nossos braços, do ombro aos dedos das mãos, pode ser flexionado e estendido de forma ativa e passiva. Nossos pulsos podem girar em supinação (palmas para cima) e pronação (palmas para baixo), em abdução (abrindo) ou adução (fechando). Nosso tronco também pode rotacionar para ambos os lados e inclinar-se arqueando para frente, atrás e lateralmente. Na base dos pés podemos ter movimentos de inversão e eversão, essenciais para compreendermos as manobras de desequilíbrio empregadas no AIKIDO. Os braços de alavancas e polias dos pés, começam na base do dedão, sobem pelos artelhos, joelhos e bacia e se distribuem através do quadril e da coluna vertebral pelos ombros, cotovelos, pulsos e pescoço. Estes movimentos devem ser estudados em conjunto, unindo momento e vetor de força para prever o efeito da ação e reação na sua dinâmica.

A fundação natural de base do AIKIDO, redescoberta através de muita pesquisa biomecânica, precisa ser compreendida para ser aplicada na prática.

Resumindo todas as numerosas possibilidades de movimento para o corpo humano usar, tanto ofensiva quando defensivamente, chegaremos em duas ações básicas e naturais: empurrar (compressão) e puxar (tração).

Para estes dois simples atos a biomecânica prega um posicionamento elementar do corpo que os precede para garantir sua melhor performance, com segurança e ao mesmo tempo maximizando a força aplicada. O AIKIDO dá mais ênfase ao uso do poder elástico dos tendões e ligamentos e usa duas variantes da postura do tetraedro que serão apresentadas posteriormente.

Aristóteles filosofou:

"O animal se move e muda de posição pressionando o que está abaixo dele".

Para empurrar e avançar, mantém-se a perna traseira quase esticada e a dianteira com o calcanhar ligeiramente levantado e a ponta dos pés exercendo um esforço contrário, mas menor, em relação ao empuxo do pé traseiro. Esta é comprovadamente a melhor forma de lançar um golpe ou de se locomover para frente. Para puxar e recuar recomenda-se uma postura com as pernas abertas em ângulo e com o pé dianteiro bem plantado no solo. A perna traseira deverá estar flexionada e com o calcanhar levantado, aproveitando também o efeito de mola do uso do tendão de Aquiles. A tensão isométrica entre as pernas é que decide qual será a ação executada, de expansão ou contração, e os pés atuam como força propulsora para gerar poder de atração ou repulsão.

Outras particularidades poderão ser descobertas empiricamente durante os treinamentos e servirão para orientar o praticante sem a necessidade de acúmulo de técnicas tentando prever e padronizar cada situação inesperada.

A prática tem demonstrado que a liberdade de ação supera todo o condicionamento pois facilita o ajuste e a mudança repentina no combate. A importância desta matéria é essencial nos níveis introdutórios do AIKIDO. Mais tarde, no nível intermediário, o praticante pode abrir mão deste suporte e desvincular-se das amarras do positivismo, buscando intuir as melhores formas de aplicar os mesmos princípios, agora com outra perspectiva, "quebrando" regras preestabelecidas e desafiando os limites impostos pela biomecânica.

Outras artes preferem manter-se tradicionalistas e continuam a ensinar mediante um processo mistificador, confundindo o leigo com termos exóticos, justificando suas falhas técnicas com filosofia.

Por não limitar, frustrar ou atrasar o aprendizado do praticante, no AIKIDO ocorre um progresso muito rápido e constante. É mediante estudos e desafios auto-impostos que desbravamos nossos limites e vencemos os platôs onde a prática costuma ficar estagnada.

Ao usar a biomecânica e qualquer outra ciência o praticante deixa de se conformar com o padrão vigente e, como em termos de tecnologia sempre somos aprendizes, evoluirá sempre ao se reinventar a cada sessão de treinamento. Nunca se satisfaça com conhecimentos emprestados. Busque digerir o que praticou e pesquisou para construir uma estrutura sólida sob uma base firme.

Relações geométricas entre as dimensões humanas com a localização dos pontos de concentração dinâmica dispostos ao longo das linhas circulares ao redor do centro gravitacional.

O domínio das esferas do centro, o espaço vital do praticante, deve ser mantido a todo custo para evitar o colapso diante do ataque inimigo.

ZANSHIN
A POSTURA DA PRONTIDÃO

A posição do corpo nos exercícios do AIKIDO pode ser dividida em treinamento de relaxamento e de pressão, contração e distensão, imobilidade dinâmica e movimento com eixo(s) fixo(s). Ficar imóvel e em pé na postura não deve ser como um poste de madeira fincado no chão, fixo, enrijecido e sem vida. A postura com a coluna ereta, no eixo e encaixada, é o verdadeiro Ponto 1 para estabelecer todas as regras de proporção e define as dimensões do diâmetro de um círculo imaginário.

A imobilidade meditativa (*Ritsumokuso*) praticada com a atitude de desapego é a técnica de imantar o corpo e ampliar o campo eletromagnético ao seu redor e internamente. Uma "suspensão supervisionada do movimento" seria a definição mais apropriada. Seu objetivo é treinar partes do movimento até podermos compreender sua mecânica e as linhas de energia que o regem e fluem através dele. Imagine uma cena de vídeo na qual um quadro seja congelado para melhor apreciar a execução de uma ação. Praticar os movimentos em câmera lenta tem a mesma função.

Durante a prática dinâmica é impossível entender e absorver a essência do movimento. Com um treinamento estático exterior, mas dinâmico e livre no interior, e um trabalho mental acentuado de visualizações o praticante poderá analisar em si mesmo o estado alcançado enquanto permanece imóvel.

No AIKIDO existem somente duas variantes da postura de base: a do Cubo, com espaço retangular entre os pés paralelos, aberta ou fechada, peso nos três pontos de uma linha horizontal na cintura, e a do Tetraedro, com base triangular, um pé à frente, com peso ora na perna dianteira ora atrás.

As variações de abertura dos pés, posicionamento dos braços e rotação do tronco, flexionando ou esticando os joelhos sofisticam as posturas e criam estruturas tonificadas.

No AIKIDO, o praticante nunca permanece na mesma posição e deverá estar sempre transitando da postura do cubo para a do tetraedro e vice-versa, alternando ambos os lados do quadril para a direita e a esquerda, movendo o tronco para cima e para baixo, desviando a cabeça para os oito pontos cardeais.

Um dos exercícios de imobilidade voltado para o combate é a postura triangular de prontidão (perfeitamente enquadrada na figura humana sobreposta a de um tetraedro eqüilátero).

O praticante deixa um pé à frente do outro sem cruzar a linha central, de preferência na largura interna dos ombros, com o pé de trás aberto aproximadamente uns 60 graus de ângulo, formando uma "cunha". Distribui-se o peso em arco nas pernas, quadril alinhado, tronco ligeiramente convexo nas costas, cabeça firme e nuca reta. Os braços e mãos como se segurassem uma esfera, estendidos na altura das orelhas com os dedos abertos e expandidos. Ombros soltos e joelhos levemente flexionados, língua tocando o palato, olhos semi-abertos e desfocados na linha do horizonte. Tônus no corpo inteiro.

No início pode ser desconfortável, mas com a prática constante, começando com 1 minuto diariamente e aumentando progressivamente o tempo de permanência até alcançar 20 ou 30 minutos. Em menos de três meses o praticante já sentirá prazer na postura, usufruindo das sutilezas do ajustamento do corpo e do calor gerado pelo aumento da aceleração sanguínea preservando os músculos cardíacos e sem seqüelas com a sobrecarga e o desgaste das articulações.

O valor profilático destes exercícios é tão grande que são usados com sucesso em muitos hospitais da Ásia.

Também estão sendo estudados pelas agências espaciais para o fortalecimento ósseo-muscular dos astronautas que passam muito tempo em local confinado e de baixo campo gravitacional.

O estado de relaxamento alcançado neste exercício estático não é somente um requerimento de preservação da saúde, mas também de combate, porque sem isso não pode haver emissão de bioenergia.

Naturalmente o relaxamento não é suficiente sozinho, é somente um dos pólos do processo.

Enquanto estiver em prontidão o estudante deve gerar e visualizar vários movimentos e imagens com o pensamento, empurrando, levantando, puxando, abaixando, abrindo, girando, mas sem se mover um milímetro sequer, assim poderá aplicar consciência a cada gesto e direcionar sua energia para todos os lados.

Primeiro começamos com a manipulação de um objeto imaginário bem leve, algo como um balão de papel sustentado nos braços, e com o tempo passamos para outros mais pesados e tangíveis como madeira, pedra e metal. A inteligência é a rainha, a força é sua súdita.

Quando quiser treinar a prontidão para propósitos especiais, treine em uma postura grande e aberta para aumentar a força nas pernas, ou em uma postura curta e alta para aumentar o equilíbrio.

Em suma, o sentimento de relaxamento deverá ser percebido através da intuição, com passividade e voluntariamente.

Após captar este sentimento de descontração, transfira-o para o cotidiano. Com o tempo, teoria e prática estarão unidos dentro de um mesmo sistema. Aplique este sentimento de relaxamento aos movimentos do AIKIDO, fazendo força ricocheteante similar a golpes de um chicote. Postura e movimento se complementam: na prontidão você move sua bioenergia enquanto permanece imóvel; nas manobras e golpes a bioenergia move seu corpo. Neste ponto toda sua estrutura deverá ser flexível e integrada como uma haste de bambu.

As esquivas de meio corpo (Hammi), com os passos deslizantes (como se surfasse ou andasse de patins ou skate) e explosão de golpes, são partes inseparáveis do treinamento.

Os praticantes de modalidades esportivas com pranchas e patins aprendem rapidamente o tipo de caminhar e se movimentar do AIKIDO uma vez que estas atividades simulam a compensação dinâmica de equilíbrio no combate.

O iniciante aprende a mover o corpo como uma unidade para evitar vícios como encolher os braços, fechar os cotovelos, dobrar o tronco e a nuca, imobilizar os pés, fazer força isolada com o ombro erguido e tenso, etc., etc. Para evitar a segmentação é preciso aprender a se mover dentro de uma estrutura maleável – checando o alinhamento – bem como fortalecer quadris e pernas.

O trabalho dos deslocamentos com passos também é executado de forma lenta e ritmada, com o praticante analisando cada etapa do movimento, percebendo a transferência de peso, o avanço e recuo da pélvis, o giro do quadril e a extensão da sua bioenergia ao longo da coluna, de um jeito solto, livre para se dirigir para qualquer lado.

Movendo-se como se estivesse dentro de uma piscina, rompa a resistência com o pensamento firme em cada passo e giro do tronco, sentindo a fricção interna causada pela integridade tensional de seu corpo se unificar com a energia da atmosfera.

"Movimento é um termo cujos limites são quase indefiníveis. Isso também vale para a palavra imobilidade. Um pássaro pousado sobre uma bóia no mar aparentemente está imóvel, no entanto, sua necessidade de ajustamento contínuo às ondulações da maré mantêm seus músculos em constante mudança interna. No mundo não existe uma completa ausência de movimento."

*IDA PAULINE ROLF (1896~1979)
Criadora do Método Rolfing de reeducação do movimento e integração estrutural do corpo.*

O Aikido ensina a liderar o oponente em vez de forçá-lo contra a sua vontade.

SUGESTOLOGIA MARCIAL

SUGESTÃO NÃO É HIPNOSE.
Toda "hipnose" (paralisação temporária das funções críticas da mente) é, na verdade, um método de "autosugestão". Com o consentimento do paciente para ingressar no estado de atenção concentrada e liberar os poderes psíquicos de seu inconsciente, uma sugestão direta ou subliminar, por mais absurda e sem nexo, poderá ser assimilada instantaneamente.

A sugestão está presente em todas as áreas da vida, sendo um fator constante na comunicação.

No aprendizado das artes marciais ou qualquer outro ofício, não se deve desdenhar desta poderosa ferramenta com receios infundados.

Para entrar neste estado com vistas a potencializar o aprendizado e ficar no estado mental denominado pelos psicólogos de "FLUXO"*, onde as ondas mentais estão apaziguadas e o gigantesco poder do subconsciente aflora, bastam três métodos amplamente conhecidos por todos:

1 – repetição regular de sons e/ou movimentos físicos;
2 – controle do volume da voz ou do ritmo corporal;
3 – fadiga visual diante de movimentos caleidoscópicos.

* O psicólogo americano Mihaly Csikszentmihalyi (autor do livro A Descoberta do Fluxo - Ed. Rocco, 1999) cunhou o termo "fluxo" em meados da década de 70. Trata-se de um conceito que designa o estado de absorção total na ação praticada: esquecidos de nós mesmos e sem necessidade de qualquer incentivo externo, sentimos satisfação com o que estamos fazendo, seja um trabalho estimulante, seja um jogo ou apenas o nosso próprio movimento.

Na maioria dos casos, somos vítimas deste sugestionamento sem qualquer consciência disso.

Nossas reações involuntárias demonstram claramente o quanto somos susceptíveis à manipulação de estímulos sensoriais externos.

Momentos em que a dor ou uma ameaça à nossa integridade física são latentes e inesperados também facilitam microssegundos de extremo foco sensorial que nos tornam vulneráveis às informações subliminares recebidas naquele instante, que podem gerar traumas (amnésia e doenças psicossomáticas são os mais comuns) ou condicionamento do comportamento, de acordo com as experiências comportamentais do cientista russo Pavlov.

Na busca de coisas tangíveis para nos apoiar e termos segurança com o que estamos lidando, caímos no erro de confiarmos demais em nossos sentidos, principalmente na visão e no tato, uma abertura comum na guarda de quem agride usando a violência.

O treino ideal do AIKIDO une a isometria dos movimentos lentos e posturas estáticas com visualizações de imagens e de sensações baseadas nos cinco sentidos e na experiência prévia de alguma cena ou situação específica, derivando da interação destes instrumentos sua aplicação na defesa pessoal.

Com a isometria estudamos a contração e o relaxamento muscular, bem como o correto alinhamento da estrutura óssea. Com os demais exercícios dinâmicos criamos a coordenação para aplicar a força gerada no combate e, com a Sugestologia, aprofundamos o relaxamento para garantir a saúde e nos manter alertas e em estado de vigília sem desperdício de atenção gerando um hiperaprendizado.

No fator mental associa-se os movimentos corporais com a visualização dos mesmos até unificar a energia com a vontade.

Na filosofia do AIKIDO a energia do pensamento está no exterior e com a disciplina apropriada poderá ser captada e operada. O emprego da sugestão subliminar e da percepção periférica visa consolidar a didática de captação da energia sem atrito mental. Basta a intenção sem esforço excessivo.

Durante a prática da Imobilidade Dinâmica o fluxo bioelétrico imantado pela atmosfera é forte e o campo de energia ao redor do corpo se expande dando ao praticante a impressão de estar "inflado como um balão de gás". Ao fortalecer os poderes mentais, mantenha o pensamento com um leve foco em ambas as palmas das mãos. Você sentirá que o meio das mãos (ou a ponta dos dedos) ficará quente, pesado e formigando como se estivesse segurando um peso.

Mas não busque nenhuma destas sensações de forma obstinada, apenas deixe-as acontecer naturalmente.

Quanto melhor a nitidez da visualização das sensações e das imagens em uma postura imóvel, adicionando qualidade ao exercício, maior será a resistência para suportar longos períodos de manutenção da postura. E quanto mais tempo o praticante se mantiver desperto mais intensivo será o exercício e mais rapidamente a energia psíquica crescerá, criando uma cúpula magnética ao seu redor, distribuindo corretamente a energia e corrigindo as deformidades na sua estrutura celular.

Se o sono vier, deixe o exercício se prolongar na dimensão dos sonhos e continue relaxado e impassível na sua prática. Dormir é um estado virtual que parece dinâmico mas não é, logo, evite a dispersão mental.

O retorno da imersão no oceano inesgotável de energia acessado durante o sono, revigora e nos livra dos efeitos envelhecedores causados pela tensão e o estresse.

AS 3 LEIS DA SUGESTÃO

1 – A LEI DA ATENÇÃO CONCENTRADA: fixe uma idéia (imagine todos os detalhes) para ela se concretizar.

2 – A LEI DO ESFORÇO CONTRÁRIO: se você pensa que não pode fazer algo e tenta mesmo assim, quanto mais pensar menos capaz será.

3 – A LEI DO SENTIMENTO DOMINANTE: uma sugestão ligada a uma emoção supera qualquer outra sugestão.

Destas leis decorrem outras 4:

1 – Quando a vontade e a imaginação são antagônicas, a imaginação sempre vence, sem exceção!

2 – A força da imaginação está na razão direta do quadrado da vontade.

3 – Quando a vontade e a imaginação estão equilibradas, uma multiplica a outra.

4 – A imaginação pode ser dirigida pela vontade.

A METAFÍSICA DO COMBATE

PSI – primeira letra da palavra "psikhê" (alma) e a vigésima terceira letra do alfabeto grego. Desde a Guerra Fria é um termo genérico para designar todo o campo do paranormal. Também é um símbolo de graduação na área da Psicologia.

A intenção firme e projetada do poder psíquico serve como choque adicional nos pontos de mutação como um estímulo capaz de manter a escala vibratória de qualquer empreendimento ou movimento em ascensão, suprindo de energia as fases intermediárias onde a ação tende a se enfraquecer ou tomar outro rumo.

Tecnicamente falando, o contra-ataque do Aikido e da maioria das artes marciais só é possível nestes pontos momentâneos de um átimo de segundo onde a energia cinética alcançou seu limite, a força psíquica do atacante estagnou e a intenção (Kokoro) se paralisou.

REQUISITOS

"Devagar é pressa."

Provérbio popular

OS EXERCÍCIOS DO AIKIDO podem ser praticados em séries consecutivas ou intercaladas. Normalmente é solicitado ao iniciante que comece a prática com a primeira série de posturas imóveis. Cada postura será praticada individualmente e em seqüência, assim como cada movimento deve ser executado com precisão e num ritmo distinto. As mãos e braços devem mover-se com suavidade para cima e para baixo, para frente e para trás, para a direita e para a esquerda. Seguindo o mecanismo de energia, mova-se sem pressa, devagar e suavemente, com plena certeza à respeito da ação que estiver exercendo (empurrar/puxar, abrir/fechar, levantar/abaixar, avançar/recuar, tensionar/relaxar, comprimir/expandir, girar, vibrar etc.).

Não se mova muito rápido ou muito devagar.

Alterne ação e relaxamento com perfeito conhecimento e sentimento de ambos. Trabalhe somente os músculos necessários sem tensão gratuita.

Todavia o comando voluntário deve partir da maior quantidade possível de alavancas e estruturas formadas pela ossatura, pois é pela sua disposição no espaço que percebemos o nosso posicionamento relativo.

Mantenha-se no controle da consciência principal durante a prática. Cultive a consciência imaculada, seu verdadeiro *Self* (Eu). Não tente balançar deliberadamente quando estiver nos exercícios. Contenha as oscilações do corpo para economizar energia. Abra os olhos se precisar, mas sempre olhe diretamente à frente com as feições descontraídas. Relaxe o corpo inteiro, particularmente os pontos atrás do joelho, nos ombros e entre as omoplatas, deixando o quadril alinhado, encaixado na bacia e solto, sem contração excessiva dos glúteos. O canal de energia que percorre o tronco se tornará obstruído se ficar muito rígido. Antes de qualquer gesto é preciso relaxar os músculos que devem acionar o movimento e depois retornar ao estado de descontração, sempre alternando e reciclando. Durante os exercícios, os movimentos devem ser naturais, livres, amplos e alongados, suaves e desobstruídos. Firmes mas leves, com alguma força mas sem rigidez ou tensão. Fazendo-os desta maneira, resultará em uma efetividade notável. Também não se deve bloquear a respiração (apnéia) ou forçar uma hiperventilação.

 Sempre preveja o final dos movimentos e toda vez que terminar a prática, finalize os movimentos mas não o mecanismo de cultivo. Só precisa juntar as mãos ou semicerrar os punhos prendendo os polegares entre os dedos sem forçar demais. Não ponha fim ao mecanismo de cultivo usando a intenção porque o centro gravitacional não pára de girar.

 Aqueles que estão fracos ou cronicamente doentes podem praticar conforme suas condições. Eles podem praticar menos ou escolher somente uma postura para treinar a imobilidade. Aqueles que já conseguem realizar os movimentos e permanecer quarenta minutos imóveis, podem praticar a auto-sugestão antes de dormir.

 Não há requisitos especiais em termos de localização, horário ou direção para a prática dos exercícios do AIKIDO.

 Em se tratando de um espaço reservado para o treino, obviamente prefira um local limpo e arredores calmos.

 Estes exercícios são praticados sem intensidade mental exagerada.

Algumas tribulações poderão tentar interromper sua prática. Quando sentir desconforto em seu corpo, não considere isso como uma doença. Como qualquer remédio, os efeitos colaterais provam que as disfunções estão sendo curadas e neste processo de eliminação de energia estagnada é normal o praticante sentir um cansaço excessivo ou profundas ondas de sonolência, incontinência urinária, gases intestinais e estomacais, cefaléias, tonturas, perda ou aceleração de pressão sanguínea, transpiração abundante, dormência dos membros e espasmos de dor em feixes de músculos e nervos que lhe eram desconhecidos.

Para evoluir aceite, compreenda e transcenda a dor.

Desconfortos dolorosos são avisos do nosso organismo para que sejamos mais moderados com a energia utilizada inconscientemente em nossos hábitos corriqueiros. Fumo, drogas, bebidas alcoólicas e outros venenos possuem uma quantidade tão baixa de energia que vampirizam o meio em que se encontram até o completo esgotamento da fonte.

Se ocorrer a visão de algumas imagens ou cenas surreais ao seu redor ou no seu pensamento, ignore-as e continue imperturbável com sua prática.

Como uma alternativa, você também pode entoar, emitir ou vocalizar uma palavra, frase ou som de sua preferência, continuando impassível com sua prática.

Nestes pontos críticos do caminho, coragem diante do desconhecido é primordial.

Promova estes exercícios, deixando mais pessoas se beneficiarem deles. Eu disserto sobre tudo isso com antecipação para que vocês identifiquem os princípios regentes do AIKIDO nas aulas em que participarem.

Coloque empenho na prática e o seu centro gravitacional se ativará automaticamente. Bastará colocá-lo em movimento para que ele continue em *moto continuum*.

Este livro é um mero resumo.
Um bom aproveitamento do treino só acontece se houver um relacionamento interativo com um praticante mais antigo ou um instrutor habilitado. A prática coletiva é igualmente propícia para otimizar o campo energético dos praticantes.
Nós não concentramos nossa mente nestes exercícios. Não busquem usar qualquer tipo de intenção mental forte; tudo o que é preciso é um rápido pensamento. Qualquer apego, preferência e identificação solidifica e gera aberturas na guarda.
Pratique o máximo que puder, de acordo com seu tempo livre. Os movimentos podem ser repetidos em múltiplos de 9, e poderá contar em silêncio cada repetição. No começo você precisará pensar a respeito, mas depois o corpo vai reduzir os movimentos até parar naturalmente.
O final dos movimentos não é o final da prática.
O centro gravitacional gira automaticamente e ele sabe quando você cessa de treinar. Ele capta e estoca uma enorme quantidade de energia e pode instantaneamente absorver o que você emitiu muito melhor do que a sua intenção faria, tomando de volta a energia dispersa.
Neste sistema estaremos praticando o tempo todo, mesmo se os movimentos pararem. É algo como os batimentos do coração: uma vez iniciado o processo irreversível de pulsação e bombeamento suas contrações passam a ser involuntárias.
Depois de praticar os exercícios e aprender as manobras táticas visando acelerar sua reação à qualquer tipo de demanda energética, você será introduzido no treino em duplas e posteriomente no combate com um e vários parceiros.
São exercitados movimentos calistênicos para aumentar a flexibilidade da coluna, do pescoço, artelhos, pulsos, ombros e virilha, que dará ao praticante a capacidade de seu corpo se alongar de um ponto extremo a outro.

Flexibilidade traz liberdade e vice-versa.

A ênfase no controle da dor, do medo e do desbloqueio das emoções na couraça muscular durante os alongamentos permitirá o praticante alcançar os seus limites e obter o domínio do movimento físico com economia de energia, dando plasticidade, confiança e sutileza em suas manobras.

Demonstração na Virada Esportiva realizada em setembro de 2007 no Ginásio Poliesportivo Mauro Pinheiro.

Demonstração na Virada Esportiva realizada em setembro de 2007 no Ginásio Poliesportivo Mauro Pinheiro.

SUPLEMENTAÇÃO PSICOFÍSICA

ISOMETRIA MARCIAL

PRECISAMOS DE 20 MINUTOS de exercícios diários intensos para aumentar progressivamente a nossa força bruta em áreas específicas do corpo para ganharmos o condicionamento físico exigido no combate. Para os sedentários, recomendo antes que façam longas caminhadas para reduzir o colesterol e controlar o peso.

Se tensionarmos (e alongarmos) ao máximo um determinado grupo muscular por 10 segundos, 9 vezes ao dia, estaremos melhorando sua performance em 0,7% ao dia. Em 21 semanas, os músculos e tendões trabalhados estarão com o dobro da sua força original e flexibilidade. Porém, se ficar uma semana sem se exercitar, o corpo perde 30% de seu poder explosivo e elasticidade adquiridos em 4 semanas.

Conclusão: perdemos o condicionamento físico 6 vezes mais depressa do que o tempo que precisamos para adquiri-lo, principalmente após a meia-idade. Idem para o uso da mente.

Logo, disciplina e bom humor são pré-requisitos para levar adiante qualquer programa de preparação física.

O alongamento das principais articulações precede os exercícios isométricos e são indispensáveis.

Basicamente precisamos de um corpo com tendões e ossos fortes e juntas flexíveis para melhor aproveitar os recursos marciais no combate. O aumento da flexibilidade depende da redução do grau de tensões musculares acumuladas e mal administradas que acabam criando encurtamentos, impede a circulação do sangue e predispõe aos acidentes e lesões.

Flexibilidade não é uma tarefa de força muscular, nem de repetições monótonas e dolorosas de trações mecânicas para alongar os músculos. É mobilidade articular. Isso deveria distinguir claramente os exercícios das artes marciais dos praticados na ginástica comum.

Trabalhando o corpo globalmente, separe 1 hora por dia (ou divida este período em microintervalos), treinando os três principais grupos musculares por alguns minutos cada.

A cada exercício descanse por 10 segundos entre as séries de tensão isométrica.

Ao dividir-se o corpo em uma forma cilíndrica tubular com três anéis principais de sustentação, atuando em um dos segmentos estaremos agindo indiretamente nos demais.

SEGMENTO 1

Ombros, tríceps, bíceps, antebraços, pulsos, mãos e dedos, pescoço, peito e dorsal

Faça flexões de braço em várias posições e ângulos, de forma ultralenta e cadenciada, o exercício da PONTE ROMANA para o pescoço e o do CROCODILO para os dedos.

A regra é o mínimo de repetições com o máximo de esforço.

SEGMENTO 2

Cintura, abdômen e lombar

Pratique a SUSPENSÃO DO TRONCO e das pernas e fortaleça as costas e as escápulas com o exercício da CANOA e da COBRA.

SEGMENTO 3

Pélvis, quadríceps, joelhos, canela, panturrilhas, tornozelos e pés

Treine a postura da GARÇA sobre uma perna e a do CAVALEIRO, variando a altura e a largura da base bem como o tempo de execução dos agachamentos.

Cada exercício dura, no pico de sustentação da força, 10 a 30 segundos de tensão extrema. Além de fortalecer a musculatura interna, também alonga e relaxa o corpo, dando flexibilidade e amplitude ao movimento. Inspire profundamente, retenha o ar pressionando-o para o abdômen inferior e então faça o exercício. Conte mentalmente até 10 e em seguida exale devagar enquanto retorna para a posição de descanso, evitando a lassidão. Treine também da forma inversa, expirando e mantendo os pulmões vazios.

Variar ângulos, intensidades, ritmos e exercícios é o melhor caminho para incrementar o condicionamento.

Uma contração isométrica, na qual o comprimento da fibra muscular não se altera, é o ideal na prática de exercícios voltados para o combate.

Um grupo muscular desenvolve maior tensão na contração isométrica do que na isotônica (que requer movimento), porque não há dispêndio de energia para encurtar o feixe de músculos.

Como a força física tem uma variação de até 20% num período de um dia, as melhores horas para praticar os exercícios isométricos com máximo esforço muscular é no final da tarde, entre as 16 e 18 horas.

Nota: para exercícios psíquicos de sensibilidade ou estudo teórico prefira o horário noturno das 23 a 1 hora da manhã.

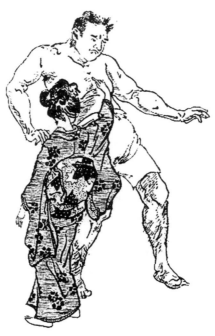

EXERCÍCIOS HOLÍSTICOS

Após os exercícios isométricos, trabalhe mais de um grupo muscular combinando vários exercícios entre si, indicados para aumentar a resistência e serem aplicados nas técnicas de combate de forma pliométrica, combinando força com velocidade.

1 – A Postura da Imobilidade é indispensável. Evite a força muscular e permaneça consciente do corpo inteiro, de sua posição espacial e de seu contato com o solo, registrando os pontos de apoio e de tensão e as suas sensações internas decorrentes da ausência de movimento. Enquanto sustenta a postura, repare na linha vertical de força que canaliza seu peso para o solo através do topo da cabeça, do meio da coluna e da base dos calcanhares.

2 – Os exercícios de purificação e de condicionamento, avançando e recuando o tronco, com os braços arqueados e as mãos manipulando uma ou várias esferas imaginárias entre as palmas, são ideais para fortalecer os tendões e articulações sem sobrecarregar o corpo e bloquear a emissão de energia cinética nos golpes explosivos.

3 – Marche ou caminhe deslizando os pés, como se estivesse em câmera lenta.

4 – No *Aiki Taiso* do AIKIDO, durante o aquecimento, já são exercitados os princípios básicos de redirecionamento de energia, executados em dupla ou individualmente de forma encadeada e ritmada, com atenção e descontração.

EXERCÍCIOS DINÂMICOS

A origem dos braços começa no meio das costas (escápulas) e a das pernas nos músculos internos do abdômen. Logo, todos os golpes de mãos e pés saem do centro do corpo através de rápidos e devastadores deslocamentos e evasivas dos pés. Ser imprevisível é fundamental para manter um lutador funcional durante um combate. Um exercício básico é o *Randori*, que nada mais é do que a interação com um ou mais atacantes imaginários ou reais, em níveis variados de velocidade.

Todos estes exercícios são feitos a princípio com movimentos lentos e expandidos e depois em pequenos círculos e torques com descargas súbitas e curtas de energia.

O poder do cotovelo e do tendão de Aquiles, bem como o encaixe do quadril como mola impulsora, de concentração e de alavanca é estudado e fortalecido nestes exercícios, principalmente quando se pratica movimentos com o *aiki-jô*, o bastão médio do AIKIDO, e do treino com correntes conforme o método "speed chain".*

* Para saber mais acesse: www.speedchaintraining.com

SÍNTESE

BASICAMENTE O CORPO HUMANO é uma estrutura óssea revestida com mais de 650 músculos e com 100 articulações mantidas juntas através de tendões, ligamentos e cartilagens, mas possui somente 13 cápsulas articulares principais que lhe dão uma ampla gama de movimentos caracterizando-o como uma máquina móvel controlada por um sensível supercomputador, o cérebro. Travar uma ou duas articulações desta frágil estrutura bípede ou impedir o envio de informações através de alguma parte do sistema nervoso principal ou de suas ramificações ao longo da espinha dorsal é o suficiente para desestabilizar um corpo, abrir brechas na sua defesa e derrotá-lo com o golpe apropriado.

Assim, no *Jiu Waza* (manobras executadas livremente e de improviso) e nos treinos em duplas ou grupos, todas as manobras técnicas, deslocamentos, táticas e golpes visam simplesmente desequilibrar tanto física quanto psicologicamente o adversário, ingressando na zona estratégica (*Maai*), mantendo o próprio balanço e a movimentação segura ergonomicamente, sem atrito e resistência bruta, com constante mobilidade e descontração.

Neste processo livre, as técnicas de ataque e defesa surgirão espontaneamente e se mesclarão entre si. Depois nenhum combate será igual a outro, liberando a criatividade do praticante, com meios de improvisar defesa e ataque sem planejamento prévio, qualidade essencial para o combate.

O AIKIDO nestes níveis avançados dispensa um conjunto de técnicas clássicas predefinidas: o praticante terá todas as técnicas à sua disposição e sua única função será, através do cultivo de sua energia, estabelecer estratégias eficientes para cada vez mais adquirir sutileza e versatilidade no combate a ponto de abrir mão do contato corporal, do deslocamento, de torções, chaves e alavancas para quebrar a resistência do adversário e irá dominá-lo somente atuando na sua aura psíquica.

É a adaptação individual destes princípios universais de combate que dá originalidade ao AIKIDO. O praticante desenvolve a habilidade de agir "entre" as técnicas, fluindo continuamente, improvisando suas manobras com ordem e finalidade.

Nas técnicas executada sem vínculos rígidos ocorre uma hiperfunção no corpo do oponente mediante a exploração de seus movimentos naturais, acabando por expô-lo ao golpe.

A demolição do corpo acontece após desequilibrar a mente que o controla.

A teoria de controle da distância do combate é um destes princípios abordados na prática do AIKIDO, pois ensina o praticante a lutar em três planos simultaneamente (vertical, horizontal e longitudinal) fazendo uso de todas as leis da física para afetar a biomecânica do oponente e quebrar o seu ritmo de movimentação.

Golpes em "8", ricocheteantes, em carrossel e alavancados, flanqueando, desequilibrando e minando a base adversária são empregados ao máximo.

Nos exercícios de imobilidade e meditação (*ritsumokuso*) o praticante aprende a combinar e reordenar seu movimento criando mais poder com menor gasto de combustível.

Uma vez estando sincronizado e ergonomicamente integrado com a pélvis solta e encaixada, mediante estes exercícios especiais o praticante entrará na fase de assimilação e difração de golpes onde esta estrutura integrada será posta à prova nos combates livres.

Em resumo, a prática do AIKIDO busca a velocidade e a força de um grande felino, através do preparo da mente, cujo núcleo de poder psíquico fortalecerá o corpo sem forçá-lo em demasia, como quem maneja o barro para a cerâmica.

O AIKIDO desperta, através do cultivo do centro gravitacional, a força vital do ser humano que evoluirá continuamente enquanto perdurar a sua vida. Manter o corpo saudável é, certamente, um desejo comum para qualquer pessoa. É fundamental para o ser humano obter saúde plena e movimentar corretamente o corpo. Além de funcional estas habilidades lhe garantirão a dignidade na velhice.

Yukiyoshi Sagawa *Sohan* (1902~1998), mestre do AIKIJITSU.

PARTE III

APLICAÇÕES E ANÁLISES

O AIKIDO É UMA ARTE DE PSICOMAQUIA (do grego *psykhe* - alma + *machia* - combate). Em sentido figurado, é primeiro uma luta interna onde as virtudes combatem os vícios.

As manobras externas de combate que praticamos nas aulas são tanto as nossas ferramentas quanto o nosso laboratório de testes neste processo.

Livros, filmes ou outras formas de transmissão remota de conhecimento, jamais substituirão a vivência individual e inter-relacional. A experiência sempre será mais instrutiva do que palavras e imagens.

Algumas vezes leva décadas, ou até uma vida inteira, para uma idéia nova chegar ao seu destino e ser compreendida na íntegra. De fato, a pessoa nunca terá a certeza de que as verdadeiras artes marciais entregaram o seu último segredo ou que o Homem sabe tudo o que há para saber a respeito delas.

Para compreender a didática do AIKIDO o praticante deve observá-lo muitas vezes e fazer inúmeras experiências, entrando numa conversação com o professor e seus parceiros de treinamento.

O aluno precisa ser capaz de perceber sozinho as sutilezas dos golpes e praticar muito por iniciativa própria.

Isto não condena a reprodução gráfica de conceitos e técnicas em fotos e vídeos, mas serve para estabelecer seus limites.

Mesmo a melhor representação de um princípio técnico em imagens animadas de alta definição não pode fazer mais do que relembrar ao observador algo já visto e experimentado por ele, porque só entendemos de verdade aquilo que aprendemos com o corpo. Na melhor das hipóteses, a reprodução de uma "técnica" é um mero recurso de preservação do estilo, e não deveria nunca ser confundida com a luta verdadeira, nem aplicada como tal.

Cientes disso, todas as "manobras" (o termo mais apropriado para um conjunto de ações táticas) do AIKIDO quando são demonstradas, seguem à primeira vista uma padronização randômica que obedece a determinadas características dos movimentos praticados no decorrer das aulas e das preferências do instrutor.

O propósito de qualquer padrão é somente garantir um meio de se testar os princípios fundamentais.

Uma luta real sem a cooperação do(s) seu(s) oponente(s) é regida pelo caos. A morte ou um ferimento grave rondam estes combates brutais de verdadeiro vale-tudo.

O treino de *Kata*, *Kati* e outras coreografias ensaiadas, comuns na maioria das artes, estilos e sistemas marciais clássicos levam os praticantes a uma perigosa passividade: a sua força de vontade é inibida e o seu raciocínio é bloqueado devido aos movimentos repetitivos e predefinidos.

Por isso, os melhores lutadores de todos os tempos e da atualidade não praticam artes marciais robóticas ou acrobáticas.

A mentalidade "ataque/defesa" das artes marciais tradicionais deve ser descartada imediatamente! Troque-a pela estratégia da *"defesa ofensiva"*.

Esta é a única alternativa para controlar o medo no momento fatídico de uma agressão física.

Na realidade devemos aprender também a liberar o nosso "animal interior" se quisermos sobreviver em determinadas situações críticas.

A melhor defesa sempre será a ofensiva mais violenta, pois vence aquele que chega primeiro e domina o território... Quando fazemos contato com o oponente, nosso corpo deve ser capaz de se mover com completa liberdade e tomar decisões sem intervenção do pensamento.

Forçar pessoas grandes e pequenas a praticarem as mesmas técnicas é ilógico. Excessiva atenção no aperfeiçoamento de técnicas somente reduzem a liberdade de movimento.

Saber analisar e escolher o melhor local e momento de agir passa a ser de suma importância estratégica. Por isso, caso o leitor já seja um praticante de artes marciais, aproveite para treinar sua percepção e questionar suas próprias convicções sobre o que funciona realmente: técnicas ensaiadas ou movimento espontâneo?

Os princípios e técnicas nas manobras são facilmente maximizados com *timing* e consciência apurados mediante a prática bem orientada.

Quando você souber ocupar as aberturas corretamente, expandindo sua bioenergia ao longo do tronco e através dos braços para desestabilizar o parceiro, alcançará considerável controle da sua zona estratégica e, a partir deste ponto, poderá dar seqüência ao treinamento e diversificar as técnicas e possibilidades de domínio do combate.

Um instrutor deve sempre aperfeiçoar seus atributos técnicos e a sua metodologia de ensino levando em conta a integridade psicofísica de cada praticante.

Assim, no início, faça as manobras de um modo resiliente e racional seguindo as normas de segurança do treinamento (usando equipamentos de proteção e dosando a velocidade e a intensidade dos golpes no parceiro de treinamento), começando de forma lenta e consciente, aumentando gradualmente a intensidade dos movimentos e dos pensamentos.

No AIKIDO adaptamos as técnicas de rolamento de várias artes marciais para facilitar a prática intensiva sem as lesões decorrentes dos traumas constantes nas quedas (*Ukemi*).

A estratégia básica do AIKIDO começa no relaxamento moldado dentro de uma "postura" com um sentimento de descontração do corpo. Em seguida, passamos pelos exercícios de adesão e contato para finalmente buscar atingir um câmbio contínuo de troca e circulação de bionergia mesmo durante o caos de uma luta.

O melhor conselho é: mova-se sempre a partir do seu centro gravitacional, descontraído, atento, fluindo com determinação, sem movimentos inúteis.

Esta maestria consiste simplesmente em desenvolvermos movimentos e respostas completamente desimpedidos, passando instantaneamente de uma manobra técnica para outra, sensível a todas as esferas de influência ao nosso redor.

O ataque com o poder elástico dos tendões e dos ossos alinhados é convulsivo, explosivo e instantâneo como é exigido na realidade. O praticante do AIKIDO transforma a energia externa recebida em movimento, sem se deformar, recuperando a forma original mesmo quando atingido por um forte impacto. É de suma importância manter em mente que não é somente a técnica que age e funciona, mas o princípio que a rege.

UMA LUZ SOBRE O AIKIDO

COMO IMOBILIZAR, arremessar ou golpear uma pessoa de forma eficiente com apenas um dedo e sem pressionar um ponto vital?

Confira os conselhos do mestre Ueshiba:

"Essencialmente desenhe um círculo ao redor do atacante".

É a visualização mental praticada no treinamento da imobilidade e sua aplicação no combate.

"Seu poder está dentro deste círculo."

Aliás a esfera de influência do Maai.

"Não importa quão forte alguém seja; não pode estender a sua força para além desse círculo. Ele se torna fraco."

Ótima explicação dos limites impostos pela zona estratégica.

"Assim, se você a imobiliza enquanto está fora desse círculo, pode prender a pessoa com o seu dedo indicador ou mínimo."

"Isto é possível porque o oponente já se enfraqueceu..."

A Física explica este fenômeno.

"Além disso nunca se vai contra a força do atacante."

Esta lição só aprendeu aqueles que já lutaram com adversários superiores em quantidade e força.

"Quando ele ataca, golpeando ou cortando com uma espada,...."

Eis o grande teste para avaliar a qualidade da movimentação de um artista marcial: defender-se de um ataque de espada!

"...há essencialmente uma linha ou um ponto. Tudo o que você precisa fazer é evitá-los."

Todo círculo tem um centro representado por um ponto imaginário de concentração e dispersão de forças. Basta deslocarmos este ponto para fora do centro para que todo um hemisfério seja modificado e/ou movido. Parece elementar mas isso exige sensibilidade para aproveitar o menor movimento do atacante sem fazer uso de nossa força e sem deformar nossa própria esfera de influência.

Após alguns anos de prática assídua e aumento do controle das emoções, podemos tocar a redoma de força do atacante como se ela fosse sólida e visível, facilitando a manipulação do seu centro.

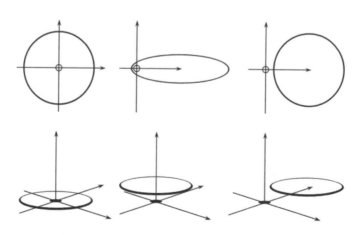

O TREINO REAL

QUALQUER TIPO DE ARTE MARCIAL e seus respectivos currículos de treinamento, táticas e técnicas de nada adiantam para seus praticantes se estes não desenvolverem um "sétimo" sentido.

Sem despertar algumas faculdades extra-sensoriais, sempre estará agindo no plano mais elementar.

Resignar-se a aprender truques e técnicas com as mãos e conquistar um supercondicionamento físico limita o potencial do praticante por causa da extrema identificação com o corpo gerada por esta abordagem de treinamento.

No caso do AIKIDO é difícil precisar uma única forma correta de praticá-lo. São tantas as possibilidades que devemos nos assegurar de manter a mente aberta para todas elas, mesmo quando estivermos nos concentrando em algum aspecto isolado do treinamento no qual decidimos nos aperfeiçoar.

O praticante precisa saber que sem um treinamento específico voltado para o poder psíquico interno latente em todos nós, nada de duradouro irá alcançar em termos de proteção pessoal, saúde e autoconhecimento. E as possibilidades de aperfeiçoamento são infinitas.

O importante é aproveitar as circunstâncias normais da vida para exercitar as qualidades e o poder do seu centramento.

Traga para a realidade aquilo que imaginou vividamente no seu íntimo usando da sua expressão corporal.

AIKIDO E A VIDA

OS MESTRES EM SUAS CONFERÊNCIAS, seminários e tratados sobre o significado e utilidade das artes marciais sempre enfatizam conceitos de mente e corpo unificados.

Tanto na estética quanto na funcionalidade não faltam normas e indicações para reger os principiantes nos seus primeiros passos.

O AIKIDO tem sido um consolo para muitos. Nesta área eles provaram a sua capacidade sobre os demais.

Como expressão corporal, indica as melhores técnicas para o corpo humano mover-se com desenvoltura, como nos passos de uma dança, e a beleza sutil destes movimentos é um encanto para o espírito.

Como um estudo da estratégia das artes marciais o AIKIDO também revelou seu valor. Em vez de manobras armadas completas com grande número de pessoas basta um treinamento assíduo em um recinto fechado com tatami para adquirir a astúcia preconizada pelos grandes generais.

Posteriormente a maestria do aikidoka irá culminar em uma aparente imobilidade e impasse na luta. Por não ter movimentos externos que possibilitem saber o que ele está preparando, esta tática se torna a mais terrível e difícil de ser anulada e é vista quando dois lutadores de alto gabarito se enfrentam.

Estas vantagens atingem apenas superficialmente o valor das artes marciais. A sua importância é mais profunda.

Em primeiro lugar devemos reconhecer o AIKIDO como "Escola de Vida". Não existe outra fonte de onde o homem possa aprender a manter-se e evoluir na vida além da preparação para um conflito. A transmissão de conhecimentos através dos pais ou professores pouco ajuda sem o batismo de fogo dos relacionamentos humanos. Em geral é assim que o adulto, após décadas, saberá como agir na vida para ter sucesso.

Ora o homem é cético, ora ele é crente, ora é um otimista exagerado, ora vê obstáculos em todos os empreendimentos. Sendo uma vez mesquinho, outra vez esbanjador, percebe-se o quanto é difícil andar na trilha certa sem cometer deslizes.

No AIKIDO e nas artes marciais, valem as mesmas forças, os mesmos temperamentos, as mesmas emoções que se encontram na vida e que causam nossas decisões. Através da absorção e assimilação corporal, aprendemos a agir melhor na próxima vez.

O praticante com experiência sabe quando aceitar um sacrifício sem tornar-se ganancioso e isto transferido para a vida significa como ter coragem para adquirir bens, sem sobrecarregar-se de dívidas.

O comerciante e o empresário que conhecem bem a arte da guerra sabem organizar seu negócio. Eles não se perderão em miudezas, mas também não especulará acima dos seus meios disponíveis.

Uma tática na arte da guerra prega que, caso não haja ações diretas, é melhor forçar a exposição de aberturas na guarda de seu oponente para colocá-lo em péssima posição. Analogamente há uma regra para o comerciante: no caso de pouco movimento deve-se forçar a venda da mercadoria menos procurada.

Por que existem, então, tantos praticantes de artes marciais que são pobres, se não financeiramente, ao menos cultural e intelectualmente?

Isto não é uma contradição do texto acima?

Não tinham sucesso porque nunca experimentaram o seu poder na realidade. Jamais saíram da escola da vida, assim como há "estudantes eternos". Não queriam trocar o narcótico do treinamento pelos desafios que a vida oferece. E alguns são as vítimas da *Síndrome do Mestre*: tão logo se graduam, abrem uma escola e *"sacrificam a própria prática em prol do ensino"*.

Nós aprendemos em matemática sobre os "algarismos imaginários" e os 5 Axiomas e Postulados de Euclides, em Física sobre "espaços curvados" etc., mas não temos uma imagem clara destas noções científicas. Agora, através do treinamento é possível dar uma explicação concreta conforme nosso estudo do círculo, do quadrado e do triângulo, bem como da sua relação esotérica com as leis da energia demonstradas anteriormente.

Durante o combate a área da zona estratégica é real para quem a ocupa e tem consciência de sua localização, mas para quem é dominado ou expulso desta área, a zona estratégica é um local imaginário. Ela existe somente para aquele que tiver convicção para visualizá-la e ganhar seu domínio.

Um avanço ofensivo pode parecer uma reta, mas do ponto de vista de se ligar dois pontos separados por uma barreira a melhor investida é um movimento elíptico.

Para o defensor apanhado de surpresa não existem nem movimentos retilíneos ou circulares.

Um golpe ou emissão de onda de choque pode ser lançado para todas as direções simultaneamente, vindo a dissolver-se no impacto. Abrangem um espaço de uma só dimensão e um ponto, mas seus efeitos se expandem para todos os lados.

Na natureza são os raios de luz que correspondem a isso. Eles penetram no espaço até tocar um corpo opaco onde se difundem e lhe dão cor.

Na vida cotidiana encontramos o tédio, que é um inimigo do homem, especialmente dos idosos. A juventude tem seu esporte, seus romances, seus deveres, mas os idosos nem sempre sabem como ocupar o tempo. Para eles as artes marciais são um benefício a mais. Com seus alunos ou sozinhos podem passar muitas horas de maneira agradável e produtiva.

Assim também é a vida. Os mortos caem inevitavelmente no esquecimento enquanto os vivos agem no presente. E como nas artes marciais executamos e aprendemos milhares de manobras e movimentos para finalmente nos esquecermos e nos despojarmos de todas elas, assim também milhões de homens partem do mundo sem deixar marca alguma.

Contudo, golpes isolados, muitas vezes um toque ou gesto simples e inocente, podem decidir a vitória. Existiram muitos homens que, mesmo isolados e perseguidos, revolucionaram o mundo, venceram as adversidades e as suas obras ainda têm valor após vários séculos.

Se o praticante escolher um destino e tomar a direção contrária, cometerá um equívoco.

Nas artes marciais quanto na vida, um milímetro de desvio compromete uma viagem inteira, pois o caminho é reto.

AIKIDO NO FUTURO

DURANTE SÉCULOS os orientais dominaram o reino das artes marciais e, salvo raras exceções, atrasaram o seu progresso.

Alunos que estudaram com os grandes mestres e dedicaram suas vidas à missão de propagar e aprimorar suas artes marciais espalharam-se pelo mundo como formigas sobre o bolo em busca de fama e dinheiro.

Na bagagem levaram seu modo especial de ver a arte, com todas as suas idiossincrasias e personalidades próprias, normalmente com uma forte carga de xenofobia, recusando-se no início a adaptá-las para o Ocidente.

Decorreu disso uma parcialidade na transmissão das artes marciais nos locais para onde esses líderes emigraram. Foram necessários várias décadas para serem compreendidos e igualados pelos "estrangeiros", desfazendo paulatinamente todos os mitos, paradigmas e falácias impostos às artes marciais.

Estes praticantes se proliferaram e hoje, neste novo milênio, finalmente as artes marciais se consolidaram e têm a chance de serem reapresentadas com uma nova roupagem, atualizadas e reformuladas sem perder de vista sua função original de arte de combate capaz de integrar harmoniosamente um indivíduo ao grupo social em que vive.

O mundo inteiro aguarda esta nova onda nas artes marciais.

Os orientais estiveram à frente por muitos anos porque substituíram a estratégia pelo treinamento árduo de todas as possibilidades de um combate apegados nas quantidades de técnicas, formas, posturas e rituais antiquados, até que o estudo sobre as raízes e a biografia dos grandes protagonistas das artes marciais contemporâneas revelaram a todos que não havia nada de sobrenatural nos seus treinamentos.

Materialmente o ocidental já não leva desvantagem em relação ao oriental dada as facilidades de acesso ao conhecimento que o advento do computador e das telecomunicações via satélite nos trouxe. Simultaneamente estamos tendo mais confiança nos meios alternativos de cura aliado a práticas rejuvenescedoras de movimento e respiração ao invés de depositarmos nossas vidas nas mãos frias da medicina.

Paradoxalmente inúmeros trabalhos científicos, principalmente na Física Quântica e na Genética, continuam trazendo e consolidando a teoria da energia vital no Ocidente, combinando a medicina ocidental com as tradições milenares do Oriente.

A *Biônica* é um ramo da ciência que estuda os mecanismos biológicos dos seres vivos e a sua aplicação técnica ao desenvolvimento de aparelhos e sistemas. No caso das artes marciais, a Biônica deve ser usada para uma investigação sistemática das soluções orgânicas e estruturais de autodefesa e ataque aplicadas pela natureza aos seus elementos, visando colher dados para a solução de problemas técnicos na luta pela sobrevivência e preservação da espécie.

Na verdade, o homem já utiliza instintivamente esta habilidade desde os primórdios da sua evolução. Certos inventos como o machado de pedra, servindo de extensão da alavanca do antebraço com o punho cerrado, o *atlat* para ampliar o braço no arremesso das lanças, a canoa que nada mais é do que um tronco flutuante escavado para acomodar pessoas ou os abrigos construídos com galhos e folhas trançadas, mostram a incrível capacidade que o ser humano tem de problematizar e encontrar soluções baseadas nas sugestões oferecidas pelo seu meio ambiente natural.

A "Proporção Áurea" e vários outros conceitos da Matemática e da Física também derivaram de um estudo que explicitou idéias que sempre estiveram "ocultas" na natureza.

Um exemplo tecnológico moderno de aplicação da biônica é o velcro, que se baseia na configuração das patas do carrapato.

Outro exemplo bem conhecido por parte dos artistas marciais são os estilos do *Boxe Chinês* baseados nos movimentos e qualidades de certos animais como o tigre, o louva-a-deus, a garça, a serpente, o urso e o macaco para citar alguns.

Conta-se que o samurai Minamoto no Yoshimitsu, o criador do *Aikijitsu*, descobriu o princípio do "Aiki" – a adesão interenergética (semelhantes se atraem e opostos se repelem) – ao analisar a estratégia e a tática da aranha para atrair e aprisionar sua presa na teia. Vários mestres antigos e contemporâneos também garantem que sua grande fonte de inspiração partiu da análise inusitada dos gatos, insetos e até do comportamento e da estrutura das plantas, em especial do bambu.

A idéia fundamental é: se a natureza levou milhões de anos para aprimorar seus próprios mecanismos, por que não copiá-los? Afinal, o combate corpo a corpo está sempre ocorrendo entre os seres vivos.

O futuro das artes marciais está vinculado ao seu passado ancestral e ao estudo da aplicação técnica destes princípios naturais para otimizar o *design* de autodefesa do corpo humano.

A alternativa para os artistas marciais clássicos é se adaptar à evolução e utilizar os seus recursos atávicos não conscientes, uma vez que já dispõem de todos os recursos internos de que necessitam, faltando apenas a capacidade de testá-los.

Sokaku Takeda (1859 – 1943), o grande disseminador da arte do Daito Ryu Aikijitsu, foi também o mais importante instrutor de Morihei Ueshiba. Takeda foi considerado o último dos verdadeiros samurais.

AIKIDO
NÃO É RELIGIÃO

A FUNÇÃO DOS ANTIGOS RITUAIS de reverência e saudação nas escolas de tradições guerreiras serviam para estabelecer uma corrente de sintonia entre o aluno, os professores e os demais praticantes para facilitar a aprendizagem através da empatia, da ética, das boas maneiras, do respeito, da cautela e da prudência, garantindo a segurança durante o treino.

Todos estes elementos didáticos deveriam somente propiciar a identificação cultural da arte, sem a necessidade de se tornarem uma etiqueta imposta ou de serem hiperestimados de forma autoritária e sectária. Sem esses acessórios supérfluos o treinamento seria mais direto e objetivo.

Uma arte marcial é a prática de uma filosofia bélica e não uma religião institucionalizada.

Muitos param ou se perdem no caminho das artes marciais por não terem compreendido suas bases religiosas, confundindo e misturando conceitos esotéricos com misticismo e dogmatismo.

É obvio que um amplo conhecimento das suas raízes facilitariam muito o estudo da biografia e dos ensinamentos dos mestres.

Acredito que no momento em que nos dedicamos a alguma atividade construtiva, ocorra uma espécie de "assimilação" da mesma através de nosso psiquismo. Com isso nossa vida se enriquece e se torna significativa.

Existem duas formas de nos aproximarmos deste poder. Uma delas, quando nos expomos voluntariamente a algo que contenha um sistema estabelecido e consolidado e seja um arquétipo de ordem e poder intrínseco (um livro sagrado ou um templo por exemplo). Ao contarmos uma história de heroísmo para uma criança, mesmo que ela não tenha ainda a capacidade de compreendê-la, ela se beneficia, posto que tais narrações em geral contêm uma estrutura sonora de ordem ideal para transmitir e perpetuar conhecimentos.

A linguagem musical, por exemplo, não atinge apenas o ouvido, mas também o cérebro por uma via mais rápida do que a lógica e a argumentação.

A outra forma é procurarmos recriar em nossa vida uma organização racional, metódica e congruente com rotinas, disciplinas, metas, etc. No entanto, podemos fazer essa aproximação unindo as duas atitudes: expondo-nos a um modelo ordenado e, ao mesmo tempo, procurando constituir em nós essa ordem interna tendo como diretriz algo em que acreditamos com todo o nosso ser.

Uma das disciplinas coadjuvantes neste processo de crescimento é o treinamento do AIKIDO, que contém em si um princípio de administração do caos aparente.

Tudo o que praticamos visando a autodefesa e a preservação da criação segue um critério que não dá lugar para gestos irracionais de desordem. Quando nos expomos à ordem presente no treinamento, simplesmente cumprindo as disciplinas propostas, obtemos já um ganho.

Por exemplo, a postura ereta de um praticante durante a prática da Imobilidade Dinâmica tem como conteúdo simbólico a coragem e a altivez. Ao fazermos essa postura na forma correta, sem arrogância nas atitudes, automaticamente sintonizamos essas qualidades. Se, além disso, fazemos um esforço para colocarmos o máximo de nós mesmos na postura, prestando atenção a todos os detalhes de execução e particularmente ao alinhamento balanceado e unificado do corpo, com a respiração regularizada e natural, procurando ultrapassar nossos limites e alcançar o máximo de perfeição possíveis, o resultado da aproximação com a Ordem do Universo é muito maior.

Este esforço transcende o simples cumprimento da disciplina e não pode ser imposto por um *"senseï"* ou um *"guru"*, mas tem que ser um ato de submissão à nossa perenidade, de forma deliberada e voluntária por cada um de nós.

Só você tem condições de avaliar suas dificuldades internas e o seu empenho em superá-las, no sentido de aproximar-se de um modelo ideal de perfeição. Obviamente não precisamos aprender uma arte marcial pela luta em si. Uma pistola automática bastaria para nos defender, apesar de ironicamente uma arma de fogo também exigir uma disciplina férrea nas academias de tiro.

Devemos utilizar o treino do combate para exercitar a introjeção proposital de modelos harmônicos de configuração de energia, para entrar em sintonia com nosso corpo indo além do solicitado pela disciplina.

À medida que entramos em contato com uma estrutura ordenada e tradicional, vão se criando núcleos onde existe uma pureza total da mente. O acúmulo desses núcleos não nos permite uma percepção progressivamente maior da ordem universal, no entanto, nos potencializa para que, num dado momento, possamos ter uma percepção direta da essência do Universo e da percepção da sua harmonia cósmica, instantaneamente.

Treinamos e nos esforçamos para incorporar seus modelos e constituir em nós os centros de pureza e harmonia, começando pelo coração, pois isso nos mantém sintonizados e calibrados com as forças telúricas e celestiais, em preparação para essa integração.

A importância de treinarmos sistematicamente se deve ao fato do contato com este Princípio Uno e Único ser através do nível físico de ações e atitudes. Por isso, para conquistar e preservar essa sintonia, devemos gozar de saúde e discernimento.

A maestria em uma arte marcial induzirá a uma ordem individual. Um praticante sincero estará em sintonia superior com a existência e este poder se refletirá em todos os seus atos. A sua resposta a um conflito será equilibrada e no tempo certo. Quando lutar, o seu adversário se encontrará diante de um espelho. Assim, numa relação com algo que de início se opõe a nós, devemos buscar a integração evitando a paralisação.

Várias culturas e tradições costumam representar em sua arte e filosofia um desejo de dominar a violência bestial e impôr a razão humana no seu lugar. Normalmente colocam um homem – ou uma mulher – montando, cavalgando ou adestranto um animal, que pode ser um grande felino, um cavalo, um boi ou mesmo um ser mitológico como um dragão ou uma fênix. Nas artes marciais, só quem enfrenta e transcende o medo psicológico da morte (representado na foto acima como uma pantera feroz), pode ser chamado de "guerreiro".

"Treine como se estivesse lutando, mas não lute como se estivesse treinando."

Paradoxo das artes marciais

RESUMO DIDÁTICO

EM CERTO ESTÁGIO do meu treinamento resolvi acelerar o processo de aprendizagem adotando a visão de um engenheiro: toda obra deveria ser precedida de cálculos que dão segurança ao alicerce e ao projeto original criado por um arquiteto. Por isso, o procedimento matemático do engenheiro não desmerece a arte mas lhe dá apoio complementando a idéia abstrata do arquiteto com racionalismos e lógica científica. Esse aspecto complementar entre treinamento e ciência mostrou-me um novo enfoque nas artes marciais.

Um engenheiro competente sabe que, não importa o quanto de cimento e aço coloque em seu edifício para deixá-lo à prova de terremotos, é impossível construir uma estrutura sólida o bastante para não ser demolida por um tremor ou uma explosão violenta, por isso antes de reforçá-la com mais concreto, ele opta por uma estrutura mais flexível que "cede sem cair", por meio de colunas articuladas, molas, sistemas hidráulicos de compensação de peso e balanço, materiais leves e mais resistentes, etc.

Esta é a atitude adotada por um artista marcial: no processo de se auto-reconstruir e de se recriar, começará pelo estudo da melhor forma de aplicar seu corpo no combate, conhecendo primeiro todo o potencial da sua estrutura física e da mecânica do movimento, explorando sua capacidade de imaginação e criatividade para ser flexível, forte, equilibrado e livre. Um engenheiro também sabe que uma obra não deve exceder os limites do orçamento. Da mesma maneira, o praticante durante seu treinamento não deve gastar energia desnecessariamente com excessos de atividades. Energia é tempo, e tempo gasto sem função é puro desperdício de vitalidade.

Por isso estamos resgatando conhecimentos antigos e aliando tradição com tecnologia, dando embasamento e funcionalidade às artes marciais sem privá-las da sua estética, assim como o engenheiro transforma em realidade os desenhos surrealistas do arquiteto. O movimento e a força são criados pela alternância entre relaxamento, que atrai energia, e extensão, que a libera. Estes dois estados são o alicerce no qual se assentam as manobras do AIKIDO.

O primeiro passo é aprender a relaxar. Relaxamento é a base do combate, bem como para preservar a saúde. Não procure fora de seu corpo, mas busque encontrar este estado de descontração dentro de si mesmo.

O relaxamento não é difícil de aprender; tudo que necessitamos são de alguns meses de trabalho sobre os pontos de tensão e o praticante estará apto a relaxar o corpo e hábil para expressar esta descontração natural nos seus movimentos. Como o AIKIDO usa a energia do pensamento para guiar a força muscular, cabe ao praticante procurar o relaxamento em qualquer gesto.

Tendo alcançado o estado de relaxamento, o próximo passo é usar o corpo como um todo e aprender a expandir estando inteiramente unificado. Quando unimos descontração com extensão da energia, atingimos um terceiro estado, o da vibração. Basicamente o poder explosivo do AIKIDO decorre deste terceiro estado de pulsação, unindo movimentos circulares com retilíneos, transformando-os em espirais, alternando aleatoriamente a direção dos movimentos na luta. Com o relaxamento nos movimentos lentos conseguimos a velocidade, já que o corpo irá agir sem a limitação da tensão muscular.

Depois de aprendermos a nos relaxar e expandir corretamente será a hora de colocar estes estados nas manobras para expressar esta energia pulsante.

Após aprender as séries de exercícios do AIKIDO, você compreenderá a sutileza oculta nas manobras e, só depois de conquistar a idéia, deverá abdicar da forma. Muitos buscam a essência separada da forma, mas o melhor é associar ambas para não perder a função do que aprendeu. Por isso nem sempre quem faz uma técnica bonita consegue dominar mais de um atacante em um combate de rua. Aprisionado na sofisticação ele perderá a força do relaxamento oriundos do movimento unificado, simples e balanceado.

Poucas pessoas entendem corretamente o verdadeiro significado que o AIKIDO dá ao seu currículo de "manobras". O que estou dizendo não é uma negação dos valores técnicos dos grandes mestres cujo trabalho estava voltado para poucos, capazes de compreendê-los.

Este novo "método" só poderia ser construído sobre a base de um sistema tradicional.

A evolução deve ser um processo científico paralelo à criação artística. Um cientista sempre aprimora seus conhecimentos a partir das descobertas do passado e assim acrescenta novas teorias e experiências para desenvolver conceitos e gerar avanços em seu objeto de estudo. Isso livra seus sucessores de "reinventar a roda" ou de cair no erro do artesão que repete o primeiro ano de experiência nos dez anos seguintes.

A aprendizagem do AIKIDO começa pelo ensino de habilidades intangíveis como as identificadas com as sensações internas de relaxamento do corpo e as emoções que despertam ou reprimem. As escolas tradicionais ensinam isso através do movimento repetitivo e dinâmico, induzindo o praticante a relaxar para continuar o treinamento e superar o cansaço. Como ferramentas estes exercícios tinham seu propósito: trazer o sentimento de um determinado estado psicofísico.

No momento em que o estudante incorpora este sentimento de fluxo, estas ferramentas podem ser abandonadas.

O aprendizado não tem limites, por isso não podemos colocar nas mãos dos nossos instrutores a responsabilidade por nosso progresso. Não depender deles é um grande passo no caminho do AIKIDO.

Todos nós estamos em constante estado de aprendizado e devemos nos considerar estudantes perpétuos, pois o potencial humano é tão grande que uma vida inteira não esgotaria nossa capacidade de conhecer e assimilar novas informações.

ABSTRAÇÃO

SUPONHAMOS QUE A RADIAÇÃO da energia espalhada ao seu redor fosse comprimida ao ridículo tamanho de uma esfera com 16 milímetros de diâmetro e fosse totalmente inserida no interior do seu corpo.
O que resultaria disso?
Toda a sua vibração eletromagnética (desde o menor movimento das células até a pressão sanguínea e as tempestades elétricas nos terminais nervosos e no cérebro) teria que acomodar-se neste pequeno volume, do mesmo modo, toda a energia de atração armazenada nos átomos deveria estar contida ali. Neste pequeno globo (a forma arredondada é devido a uma ausência de força resultante), os efeitos da relatividade desde a dilatação do tempo e a contração do espaço seriam levados aos seus limites. Uma nova percepção temporal faria cada segundo transcorrer como um longo minuto, e todas as distâncias pareceriam diminutas dentro do raio de alcance espacial ampliado da consciência expandida.

Qualquer movimento, inclusive o mais veloz dos golpes, seria sugado devido a violenta força de atração contida neste único ponto do seu núcleo.

A medida áurea escolhida de 1 centímetro e 6,1803... milímetros para o segmento de diâmetro desta esfera não foi por acaso. Segundo cálculos matemáticos, esta área representa a órbita limite que a luz percorre sem se dissipar. Assim, ela permaneceria girando sem jamais conseguir escapar de tamanho efeito gravitacional e burlaria a entropia*.

A luz é energia pura mas, assim como os objetos sólidos, ela também está sujeita às leis da Gravidade.

---

*ENTROPIA é a perda gradual de energia que ocorre em um sistema.

A luz condensada de algum modo armazena massa e isto intrigou os cientistas por um bom tempo.

Para esclarecer melhor este ponto, imagine, aproveitando o exemplo do pião, que você aplique uma enorme quantidade de força neste pequeno corpo parado, e imprima à ele velocidade crescente em torno de seu eixo. Na seqüência você reaplica o processo para aumentar ainda mais esta velocidade em espiral milhares de vezes.

Após um certo número de repetições, o pião estará o mais próximo possível da velocidade da luz tornando-se um poderoso supercondutor.

E se você continuar o processo indefinidamente?

A energia cinética, representada pela velocidade, passaria a ser convertida em massa, tornando o corpo cada vez mais denso, gerando atrito e, conseqüentemente, desacelerando-o.

Esta idéia já foi provada matematicamente na famosa equação $E=mc^2$.

Transferindo este experimento para o cultivo interno, através desta conversão de energia o artista marcial alcançaria a lendária longevidade dos mestres, transformando sua aura de energia sutil em um aglomerado de consciência vital, personalizado e de natureza indivisível, literalmente "indestrutível como um diamante".

A prática do *Ritsumokuso*, a meditação em pé dos guerreiros orientais, é o caminho.

Qual é a razão?

Os dedos das mãos e dos pés equivalem a um transístor para coordenar e amplificar o fluxo de energia pelo corpo. Um transístor é um interruptor usado em eletrônica. Uma porta que induz uma pequena quantidade de energia e libera ou impede um fluxo maior.

Logo é possível nas artes marciais usar um mínimo de movimento para controlar uma quantidade maior de força e gerar um máximo de efeito cinético.

Os dedos são os transístores do corpo. Cada dedo afeta uma certa parte do corpo de acordo com a manopuntura. Se a energia fluir de uma mão para a outra, a energia que viajou entre os dedos aumentou em termos de quantidade. A quantidade maior de energia afetará cada célula do seu corpo e ajudará no rejuvenescimento, o que significa que as células danificadas irão se regenerar.

Cada célula no nosso corpo é um magneto. Células também têm pólos Norte e Sul e se atraem umas às outras. É por essa razão que elas se encadeiam numa linha contínua e em espiral.

Células com fraca energia magnética não se atraem muito bem. Células com um forte fluxo magnético se atraem e se aderem umas às outras muito fortemente e com firmeza, tal como os ímãs.

Esta meditação energética consiste em duas partes: suspensão do corpo no espaço intermediário entre um ímã de base com pólo Norte e um ímã de baixo com pólo Sul. Em outras palavras, bastará ficar imóvel em determinada postura harmônica e equilibrada, entre o Céu e a Terra. As cargas opostas entre a atmosfera e o solo propelem a circulação sanguínea através do aumento da velocidade do fluxo magnético do corpo.

A estrutura das células ficará mais colada e densa e elas irão se prender umas às outras gerando uma corrente de elos mais fortes e saudáveis nos tecidos, dando resistência aos ossos, desde a medula, otimizando o metabolismo até atingir a pele e posteriormente purificar a sua aura energética.

Através do *Ritsumokuso* você conseguirá captar intuitivamente o caminho desta energia e intensificar o fluxo magnético do corpo ao longo das suas linhas e órbitas de força.

Mediante o emprego deste mecanismo natural de polarização o corpo irá atingir a tensegridade necessária para a manutenção da saúde e para o combate.

Um mínimo de rotação do tronco dissipa o impacto do golpe, desviando a energia para o solo, e favorece o contra-ataque sem gerar aberturas ou lesões contraindo a musculatura ou se esquivando.

Kodo Horikawa (1883 – 1975), um dos mais antigos estudantes do mestre Sokaku Takeda, demonstrando a sutileza e o poder sem esforço do Princípio Aiki. Sua didática era não-ortodoxa: sem Kata coreografado e sempre aplicando suas técnicas de articulação, arremesso e imobilização de forma espontânea e instantânea. Causou profunda influência em vários mestres modernos do Daito Ryu Aikijitsu como os Professores Seigo Okamoto (Roppokai) e Hiroo Iida (Muden Juku).

A EMISSÃO DA ENERGIA

ESTES CONSELHOS TÉCNICOS sobre os quais dissertei anteriormente foram formulados e inseridos no AIKIDO depois de anos de observação atenta dos grandes mestres das Artes Marciais Internas (*Taiji*, *I Chuan* e *Daito-Ryu Aikijitsu* principalmente) e seu notório poder de descarregar uma violenta força invisível nos seus adversários sem recorrer a movimentos vigorosos para atingir este fim.

Mestres deste calibre são extremamente raros hoje em dia e devem ser avidamente estudados ao invés de cultuados.

No meu caso, assim como os praticantes antigos analisavam e imitavam os movimentos e o comportamento dos animais, insetos e plantas na Natureza, passei a estudar os movimentos dos felinos, em especial do gato doméstico e do jaguar (*Panthera Onca*) para entender o seu sistema de equilíbrio usando a cabeça como contrapeso e a flexibilidade da coluna que dá graciosidade e eficiência aos golpes e movimentos de esquivas, quedas e rolamentos (*Ukemi*). E também comecei a explorar a capacidade de certos peixes tropicais de gerar bioeletricidade como arma de ataque e defesa.

Nesta pesquisa descobri o Puraquê (*Electrophorus Electricus*) da Amazônia, o famoso e temido "Peixe Elétrico", às vezes confundido com uma enguia.

Sua habilidade de atordoar sua caça e seus predadores com choques de alta voltagem sem precisar tocá-los, aproveitando a alta condutividade da água, reside no fato do seu órgão emissor de eletricidade ser derivado de tecido muscular que corre ao longo da sua espinha dorsal. No caso do Puraquê, que é somente uma entre mais de 150 espécies de peixes elétricos neotropicais (mas o único capaz de descarregar acima de 500V e até atingir 1.000V em menos de 1 segundo), possui três órgãos elétricos que constituem aproximadamente 40% do seu volume total e cujas células ao longo da sua evolução perderam a capacidade de contração muscular e apenas geram potenciais elétricos, da ordem de 120 miliVolts cada uma. Somando-se a descarga de cada célula, tem-se a poderosa descarga total do peixe capaz de matar um ser humano (lembrando que as tomadas em que ligamos nossos aparelhos eletrodomésticos na rede alcançam 220V). Esses sistemas elétricos permitem que o corpo do Puraquê funcione como uma pilha viva: a região cefálica é o pólo positivo, e a região caudal, o negativo.

    Embora todas as nossas fibras musculares também tenham a propriedade semelhante de conduzir o estímulo elétrico proveniente dos nervos ligados a cada uma das suas células, durante a sua contração elas acabam consumindo a maior parte desta energia e não conseguem liberar radiação suficiente para ser canalizada nas práticas marciais e meditativas.

    Desta observação conclui-se o quanto é imprescindível reduzir a contração muscular durante o treinamento das manobras e manter este estado de relaxamento em todas as atividades diárias, em pé, andando, deitado ou sentado.

    Outro problema da tensão causada pela contração habitual é a perda da integridade tensional, que desperdiça energia, reduz a velocidade do corpo e do pensamento e exaure nosso poder de emitir força sem nos cansar neste processo.

A METAFÍSICA DO COMBATE

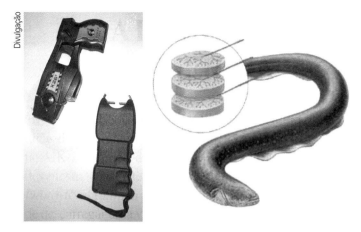

A Taser, nome da empresa estadunidense que a inventou – é um aparelho defensivo usado pela polícia e recentemente introduzido no Brasil, baseado no poder de atordoamento dos violentos pulsos de choque emitidos pelo peixe-elétrico. É uma arma que descarrega eletricidade (armazenada em forma de bateria) emitindo Ondas T – as T Waves – em um organismo vivo. Nosso Sistema Nervoso Sensorial e Motor é facilmente paralisado por estas ondas: quando o corpo recebe de fonte externa uma emissão de Ondas T, estas se sobrepõem às mesmas ondas emitidas pelo cérebro humano e, assim, há a interrupção da comunicação do cérebro com o corpo, gerando a paralisação total e imediata dos movimentos. Nesse meio tempo, o autor do disparo deve algemar ou imobilizar o agressor. O tempo máximo de paralisação pode variar de 10 segundos até mais de 8 minutos, dependendo de quantas vezes o policial apertar o gatilho. Alguns modelos em formato de pistola lançam dardos que atingem com precisão um alvo a 10 metros de distância. Apesar de ser considerada uma arma "menos que letal", ideal para derrubar instantaneamente indivíduos drogados ou anormalmente fortes e treinados, a Taser já matou mais de 150 pessoas que tinham problemas cardíacos.

Nossas células naturalmente estão em constante pulsação, contraindo e se expandindo em ciclos alternados e cada uma traz codificada em seu DNA um determinado número destas vibrações.

Ao reduzir as contrações de nossas células, sua energia flui a partir do seu núcleo, se alarga e alastra além da sua periferia, aumenta sua longevidade (pois reduz os radicais livres responsáveis pelo seu envelhecimento precoce) e interage em harmonia com o meio ambiente ao seu redor. E para neutralizar os efeitos deletérios da contração o treinamento do AIKIKEMPO é ideal para expandir a percepção durante os movimentos, regularizando as funções simpáticas e parassimpáticas do nosso organismo enquanto somos testados no decorrer do treinamento das manobras marciais.

Nada melhor para acelerar e aperfeiçoar nossa sensibilidade do que sermos submetidos à urgência de nos defendermos. Neste aspecto, as didáticas com marcialidade continuam a superar qualquer pedagogia que não tenha em si o elemento da luta.

Em termos metafísicos, estar constantemente relaxado e consciente de nossas tensões internas e externas opera uma verdadeira revolução em como lidamos com as agressões (físicas e psíquicas) e nos protegemos delas. Inevitavelmente também modificaremos a nossa visão do significado da vida e do seu biorritmo enquanto atuamos no tempo e no espaço.

Por essa razão é primordial que o treino dos exercícios de AIKIKEMPO seja combinado com a prática assídua do *Ritsumokuso*, pois é através do cultivo da nossa integridade tensional capaz de gerar o "corpo de energia" (*Kitai*) que venceremos o danoso paradigma da contração muscular e da força segmentada.

CONCLUSÃO

EU RESISTI MUITO a escrever este livro, com receio de que este trabalho, fruto de constante recriação, ao ser publicado, virasse um manual de técnicas marciais pré-fabricadas. Ou que fosse confundido com mais um daqueles exemplares que defendem o purismo de alguma arte clássica em especial...

Um livro (ou uma arte marcial) só permanece vivo quando não tiraniza seu conteúdo. As melhores obras não fazem tentativas de aliciamento ou doutrinação e não abrem concessões ao consumismo enfatizando benefícios terapêuticos ou espirituais.

Todavia, um livro é também um reflexo da vida e da personalidade do seu autor e não deixa de ser autobiográfico.

Ciente disso, saibam que esta obra nunca estará completa, mas sim em constante trânsito de idéias e revisão de conceitos enquanto seu autor estiver vivo e tiver simpatizantes que dêem seqüência a este estudo ousado.

Nas minhas investigações sobre o AIKIDO e as artes marciais em geral fui implacável a ponto de renegar todos os seus paradigmas. Evitei restringir-me somente ao conhecimento acumulado pelos orientais e busquei também confirmar determinadas particularidades da luta corpo a corpo em comum entre outros povos e suas tradições combativas.

Fui incompreendido por alguns dos meus professores mais puristas e outros até me criticaram veladamente como um "dissidente polêmico" das artes marciais.

E neste ponto acertaram, pois sou realmente um inconformista.

Hoje posso afirmar que o AIKIDO é a evolução universalista das antigas tradições de combate, e um caminho seguro de se testar esta habilidade marcial na vida.

Em todo caso, um artista marcial honesto jamais deveria se conformar com o que sabe, independente de sua experiência ou grau adquirido no ofício e no mínimo deveria treinar tendo em vista o rigor de um duelo de valetudo, ainda que nunca venha a participar de um.

Além disso, graças ao trabalho dos mestres antigos que comprovaram o "Princípio Aiki" em milhares de campos de batalha, o leitor que se interessa pelo lado combativo desta arte não precisará lutar nas ruas ou nos ringues para descobrir o que funciona de verdade...

Apesar dos desvios que as artes marciais possam estar sofrendo e vir a padecer diante dos modismos, continuarei a perseverar na pesquisa e divulgação deste "método" de treinamento do AIKIDO, por ter comprovado seus enormes benefícios na minha vida e na de meus amigos.

O AUTOR

"Argumentos não removem as dúvidas, de forma que a mente possa descansar na certeza do conhecimento da verdade, a menos que se faça a experimentação."

Roger Bacon (1214-1294)

MEU NOME É LUCIANO IMOTO e pratico artes marciais há mais de 20 anos. Durante este período descobri que o maior benefício do treinamento é explorar e desenvolver o Potencial Humano cultivando a nossa maior arma...
... a INTELIGÊNCIA.

Guiado por este objetivo, intercambiei o AIKIDO com o AIKIJITSU e o BOXE INTERNO CHINÊS e desenvolvi um currículo próprio e original de treinamento, combinando a tradição do Oriente com a ciência do Ocidente.

O AIKIDO praticado no Dojo AHCAM é essencialmente uma unificação de três princípios: imobilidade (*fudoshin*), fluidez (*nagare*) e dinamismo (*kokyu*). Além de preservar o AIKIDO como uma prática meditativa de cultivo da mente e do espírito, ofereço uma didática pioneira de autodefesa moderna, consciente da necessidade interminável de evolução em todos os sentidos.

Minha experiência demonstrou que todas as pessoas que se envolveram com o treinamento formal nos "*Dojo*" e academias tradicionais acabaram por perder seu tempo e seu dinheiro, sem ganhar nada de consistente em termos de defesa pessoal e autoconhecimento. E, para agravar a situação, ainda comprometeram a sua saúde neste processo. Muitos destes praticantes, depois de alguns anos de prática, podem vir a desenvolver problemas na coluna, nas articulações dos joelhos ou exaurir algum órgão interno...

Por estas e outras razões este livro é o espaço onde exponho a minha vivência, evolução e racionalização da metodologia de treinamento, condicionamento físico e cultivo da energia vital do AIKIDO que idealizei e estou desenvolvendo.

Sou um apaixonado pelas artes marciais em geral, e pelo AIKIDO em especial. Após quase duas décadas de treinamento e estudo nas mais diversas artes, sistemas e estilos de combate reparei que este tesouro infelizmente estava sendo corrompido. Sem esperar atingir meio século para confirmar o diagnóstico inicial, interrompi as práticas *non sense* e busquei outras pessoas guiadas pelo mesmo ideal que só haviam atingido um nível extraordinário de habilidade depois de transcenderem certos mitos e paradigmas.

Assim, abri mão de antigos conceitos e técnicas que só serviam em recinto fechado de um *dojo* e com a cooperação passiva dos parceiros, e parti para uma metodologia de prática e de ensino que produzisse resultados rapidamente e com segurança.

Hoje, com uma teoria revisada e mais prática de aplicação das Leis da Alternância do Yin/Yang – a essência técnica e filosófica do "Aiki" – resgatei um conhecimento vital no cenário das artes marciais que deve ser compartilhado.

A minha função é criar exercícios, situações e cenários motivadores que exijam a resposta certa do praticante para o seu aprimoramento.

No AIKIDO praticado na AHCAM temos um ambiente familiar e informal. Como instrutor-chefe prezo acima de tudo a integridade física e moral dos associados. Nosso objetivo é fornecer um conhecimento que ninguém poderá tirar de você e, com isso, dar-lhe uma chance de se defender com sucesso. Não ficamos ensaiando técnicas coreografadas.

Gostaria de ter recebido no início da minha carreira um quarto das informações que agora deixo disponível nestas páginas...

Espero que este livro e as mensagens contidas nos artigos do meu site (**www.aikidoimoto.org**) ajudem a melhorar a qualidade dos aikidokas e dos artistas marciais em geral, e encaminhe aqueles que querem aprender uma tecnologia marcial e meditativa eficaz e comprovada de lutar que sirva tanto para uso civil quanto policial, militar ou esportivo. E que, acima de tudo, sirva para conscientizá-lo do seu maravilhoso potencial.

CURRÍCULO MARCIAL

"É através do esforço em se manter no Caminho que o Guerreiro prova o seu valor."

COMO INSTRUTOR-CHEFE e técnico de defesa pessoal ministro aulas coletivas e particulares de AIKIDO para equipes de segurança e profissionais da área, além de orientar práticas meditativas e de rejuvenescimento.

Pesquiso e pratico artes marciais desde os 13 anos de idade, após ficar totalmente fascinado com a leitura do clássico livro japonês de estratégia *"Gorin no Sho"*, escrito pelo famoso (e controverso) espadachim Miyamoto Musashi, e o *"Tao of Jeet Kune Do"*, do saudoso Bruce Lee, que li em inglês antes de ser lançado no Brasil.

As artes que pratiquei durante o meu período de *Musha Shugyo* (peregrinação guerreira) foram, em ordem cronológica:

JUT-BÔ - Chute-boxe com elementos de Muay Thai, Tae Kwon Do e Full Contact acrescentados ao Kung-Fu Chuy criado e desenvolvido por Rogério Luiz Lenartowicz, apelidado de Mestre Sun, na época um jovem prodígio das artes marciais. Treinei com ele até sua mudança para o Japão em 1991. Posteriormente fiz um curso de aperfeiçoamento técnico no Thai Boxing com o campeão holandês Rob Kaman na academia do Zorello.

AIKIDO - Em outubro de 1992 ingressei no AIKIDO como *"uchideshi"* (aluno interno) treinando com Wagner Büll. Desta experiência intensa, praticando de segunda a domingo, participando em média de duas aulas por dia e de todos os seminários nacionais e internacionais que ocorriam no Brasil com os *Shihan* (Yamada, Tamura e Sugano para citar alguns), foi nos combates livres (*Jiu Waza*) que testei realmente as habilidades adquiridas em outras artes. Posteriormente eliminei o excesso de cooperação passiva entre os parceiros e mantive as estratégias e táticas do *Jiu Waza* durante toda a prática, seguindo o exemplo da didática adotada pelo sensei Kodo Horikawa (1894-1980), o grande mestre do Aikijitsu da escola de Sokaku Takeda.

Naquela época também tive contatos com outras linhas do Daito Ryu Aikijitsu, a arte-mãe do AIKIDO e do Hapkido coreano, através de livros, revistas (em especial a "*Aiki News*" e o "*Aikido Journal*" do jornalista e aikidoka Stanley Pranin) e vídeos especializados.

XING YI - Em 1995 enquanto praticava o Tai Chi Chuan estilo Li (que possui elementos do *Shuai Shiao*, um tipo de "judô chinês") com Velzi Moreschi, conheci Yong Jun Wang, filho do mestre chinês de Yi Chuan, Wang Techeng, e um estudioso do *Zen-Tao* e da cura através do *Chi Kung* e da acupuntura.

YI CHUAN - Após o primeiro ano de prática introdutória de Xing Yi Chuan, estilo Hopei, passei a receber aulas particulares de Yi Chuan com o *sifu* Wang, treinando privativamente na sua residência. Wang Techeng havia sido aluno direto do Grão-mestre Wang Xiangzhai, o fundador do Yi Chuan, e de Yao Zongxun em Beijing na década de 60 e 70. Mais tarde treinei o Yi Chuan com o sifu Nizam, aluno veterano de Mestre Wang.

Como um praticante e um estudioso do *Budo* eu já treinava simultaneamente mais duas artes marciais

Sifu Wang Techeng: o elo perdido das artes marciais personificado em seu estilo.

distintas: o Ving Tsun (*Wing Chun*) e o Caratê Kyokushin.

ROSS - Em 2001 conheci o Sambo de Combate (Systema). O Systema era praticado pelas Operações Especiais (Spetsnaz) da Rússia e só passou a ser divulgado no Ocidente após a queda da Cortina de Ferro no final dos anos 80. No Brasil treinei com o Prof. Gustavo Castilhos, líder do grupo de Sistema Russo de Autodefesa.

CURSO ESPECIAL DE DEFESA PESSOAL E TECNOLOGIA DE COMBATE - Em 2002 residi por uma temporada de quatro meses em São José dos Campos-SP integrando uma equipe de instrutores contratados pela prefeitura municipal, ministrando curso de bastão-tonfa, de defesa policial e técnicas não-letais de imobilização, aprisionamento com algemas e translado do meliante para a Guarda Civil Metropolitana.

TAIKIKEN (*Taiki Shisei Kempo*) - Em 2003 fui apresentado a Masamichi Fukushima, aluno de Takagi Sensei e mestre de terceira geração na linhagem direta de Grão-Mestre Kenichi Sawai. Desde este primeiro encontro dei início à pratica do Taikiken, a arte-irmã do I Chuan, para concretizar um estudo formal sobre o Chi Kung, do ponto de vista japonês. Seu treinamento ao ar livre, de preferência entre as árvores e em contato com a Natureza, é bastante revigorante e foi de grande inspiração.

CAPOEIRA - Passei o primeiro semestre de 2004 praticando a Capoeira.

Na minha jornada em busca da verdade das artes marciais esta fase foi marcante graças à influência progres-

Fukushima *sensei*, do Taikiken, demonstrando técnica de aparar golpes com faca.

sista de um mestre capoeirista que tive o privilégio de sua amizade naquele período. Treinei um sistema original e nativo de Capoeira Angola com o Prof. Pantera, um dos alunos mais graduados do lendário Mestre Korisco. Desde então os conceitos do seu sistema de Angola já são parte inseparável da minha metodologia.

Então, em meados de 2005, após analisar várias outras artes tradicionais do Extremo Oriente e da Indonésia e compará-las em funcionalidade e praticidade, resolvi me dedicar mais ao estudo dos princípios regentes das artes marciais internas, em especial das artes marciais chinesas praticadas na antiga Manchúria e na atual província de Sichuan, a região onde o *Pakua Chuan* nasceu. Os ensinamentos geniais do fenomenal professor britânico Steve Morris (www.morrisnoholdsbarred.co.uk) também me abriram os olhos para saber diferenciar a realidade da ilusão nas artes marciais japonesas e serviram para demolir as falsas premissas e vícios adquiridos no meu treinamento anterior. O que um dia funcionou num campo de batalhas com lanças e espadas hoje se tornou obsoleto diante das armas de fogo e do progresso nas ciências psíquicas desde a Guerra Fria entre a Rússia e os EUA.

Finalmente no final de 2006, após duas décadas de testes, experiências e pesquisas nas mais diversas artes e disciplinas, acumulei conhecimento e experiência suficiente para definir uma didática própria de ensino do AIKIDO, resgatando uma parte importante deste sistema marcial e meditativo de treinamento que funciona tanto para a segurança pessoal quanto para o desenvolvimento humano.

Todo este investimento de tempo e recursos serviram para separar o joio do trigo e confirmar que o caminho nas tradições guerreiras é um só:

Estabelecer com inteligência e respeito pela vida uma rotina e um método de treinamento correto, constante e disciplinado.

*Prof. **Luciano Imoto***
Presidente e Instrutor-Chefe do Dojo AHCAM

DOJO AHCAM
Associação Humanista de Cultura e Arte Marcial

FILIAÇÃO

A AHCAM é uma entidade registrada e reconhecida sem fins lucrativos e nosso interesse é compartilhar o AIKIDO com todos os interessados.

NO DOJO AHCAM o que propomos é um ensino do AIKIDO com base no atual estágio de conhecimento em que a humanidade se encontra, por isso podemos coincidir em vários pontos com outras Escolas Orientais e Ocidentais de Artes Marciais e de Desenvolvimento Humano, pois também são vários os Caminhos da busca pelo aperfeiçoamento em todo o mundo.

A AHCAM – fundada em março de 2006 – organiza, promove e difunde o AIKIDO, prepara instrutores e propicia um ambiente cultural para a sua prática. Também é o local administrativo que disponibiliza todo o material e recurso de didática do AIKIDO para os praticantes filiados.

Hoje a AHCAM é uma tribo aberta e sem fronteiras culturais.

A prática do AIKIDO é um "trabalho de rede" e todos os interessados que assimilam uma visão holística do treinamento das artes marciais e meditativas podem participar livremente.

Se você já tem um grupo de praticantes sob sua orientação ou se participa de um, procure-nos notificando seu interesse. Mas, se não mora em São Paulo e quer montar um grupo "informal" de treinamento do AIKIDO em sua cidade e fazer parte da nossa equipe, convide alguns amigos e nos envie um *e-mail* solicitando instrução à distância e/ou organize aulas e seminários na sua região diretamente com o prof. Luciano Imoto.

Um líder de um grupo informal não é um instrutor certificado do AIKIDO (a menos que seja indicado). Saiba também que nem todos os indivíduos associados à AHCAM podem conduzir aulas do AIKIDO. Em outras palavras, estes grupos são voluntários. A AHCAM e o prof. Imoto não se responsabilizam por quaisquer lesões ou prejuízos dos participantes que se engajarem em atividades de contato sem a condição física e a supervisão adequada.

Artes Marciais Mistas

Os antigos torneios de "vale-tudo" se pautavam principalmente nos desafios de um estilo de luta contra outro e sem regras predefinidas, isto é: jiu-jitsu versus luta livre, judô versus capoeira, caratê versus boxe, acirrando a rivalidade e de certo modo, sendo o grande incentivador dos tumultos ocorridos nos eventos. Devido a experiências negativas anteriormente realizadas, algumas unidades da federação proibiram a realização de eventos de vale-tudo. A alternativa para se obter a liberação das autoridades foi a mudança do termo de classificação e do estilo do evento de vale-tudo para *MMA* (*Mixed Martial Arts*) ou AMM (Artes Marciais Mistas), de forma que os aspectos negativos que o evento de vale-tudo acumulou durante as experiências malsucedidas, agora, com o novo conceito e com uma nova formatação isto não ocorre mais. No AMM ou MMA, os praticantes treinam vários estilos de luta, interagindo cada dia mais, o que simplesmente paralisou a rivalidade não sadia de outros tempos, além de agora os eventos possuírem regras de segurança e de saúde predeterminadas.

  O termo AMM ou MMA remete ao conceito de confronto entre artes marciais e é usado atualmente em vários eventos, já obtendo o reconhecimento do público.

  No MMA o lutador deverá treinar vários estilos, criando um círculo de amizade entre as diferentes modalidades.

  O MMA vem se destacando como um grande fenômeno marcial. Inúmeros centros vêm abrindo as portas mundo afora e com isso o MMA se torna cada vez mais popular. E, sem sombra de dúvida o Brasil é o berço do MMA mundial. Rio de Janeiro, Manaus, Curitiba, São Paulo e ainda outros municípios que têm o MMA como esporte regulamentado, como Niterói, Friburgo e Campos, realizam eventos com sucesso.

  O evento internacional mais famoso de MMA é o Ultimate Fight (UFC), já em várias edições.

Pôster promocional de um dos vários eventos de vale-tudo que ocorrem periodicamente em diversos países da Europa, dos EUA, da Ásia e do Brasil (fonte: www.directstrike.tv).

O AIKIDO e o MMA

Algumas pessoas confundem o significado que damos no AIKIDO para o MMA descrito anteriormente, e acabam pensando que estamos vinculados àqueles eventos que mostram lutadores musculosos, garotas dando voltas no ringue e comentaristas alucinados com o ambiente repleto de testosterona.

Para esclarecer este equívoco, e ao mesmo tempo não desmerecer o trabalho dos técnicos e dos lutadores profissionais deste esporte, no AIKIDO praticado no Dojo AHCAM nós reconhecemos o MMA como uma das grandes ferramentas de treinamento quando se trata de criar uma mentalidade guerreira no praticante. Um lutador de MMA é famoso pelo seu condicionamento psicofísico acima de média dos atletas e por sua eficiência nos cenários esportivos onde sua habilidade e resistência é posta à prova.

Assim, adotamos algumas técnicas e exercícios usados nos combates modernos de MMA e utilizamos muitos dos seus padrões de movimento, ataque e defesa indispensáveis para qualquer pessoa e artista marcial conhecer e saber se proteger.

Em suma, valorizamos e incorporamos o conhecimento que o MMA agregou às artes marciais tradicionais, mas não ficamos presos a esta modalidade e preferimos buscar uma ampliação do alcance de nossas práticas para outras esferas da vida. Lutamos para evoluir em todos os sentidos e aceitamos contribuição de todas as fontes, sem preconceitos, usando nossa inteligência para separar o joio do trigo.

As várias doutrinas marciais usadas na AHCAM não são "nossas"... nem pertencem a ninguém...

Nossa combinação eclética de máximas e princípios de várias artes, sistemas e estilos, é simplesmente um aproveitamento do que encontramos ao nosso alcance no amplo cenário mundial das artes de combate corporal.

A abordagem do AIKIDO está baseada em conceitos e estratégias desenvolvidas pelos grandes guerreiros que percorreram esta trilha antes de nós. O mundo mudou desde então, e esperamos aproveitar este legado do passado como base para gerar maneiras mais eficientes de treinamento e aplicação daquele conhecimento ancestral.

O AIKIDO é um dos vários formatos aceitáveis no qual incorporamos esta visão, sempre em constante revisão e avaliação. E, no Dojo AHCAM, nós inicialmente focamos nas teorias que regem o princípio interno do "Aiki" como guia prático e nos mantemos comprometidos com esta área de estudo e evolução.

AIKIDO É
"MASAKATSU AGATSU KATSUHAYABI"
A verdadeira Vitória é a Vitória sobre si mesmo, Aqui e Agora!

Ô Sensei Morihei Ueshiba

O AIKIDO no Dojo AHCAM

Você está convidado a experimentar estes exercícios e aplicar seus ensinamentos e teorias ao seu cotidiano. Naturalmente você perceberá que a sua qualidade de vida melhorou logo na primeira sessão. Uma aura de descontração, proteção e bom-humor o acompanhará após seu contato inicial com o AIKIDO. Estas práticas, além de serem extremamente eficientes como autodefesa sem o uso da força bruta, foram idealizadas também com a finalidade de elevar seu bem-estar, protegê-lo dos drenadores psíquicos e eliminar progressivamente os hábitos que o impedem de atingir suas metas.

No passado, devido a carência de conhecimento científico e condições sociais apropriadas, apenas um número reduzido de praticantes conseguiu transcender os estágios superficiais da luta a custa de um longo, dispendioso e árduo treinamento. Somente agora, neste Novo Milênio, o fenomenal poder por trás desta metafísica das artes marciais está pronto para ser compartilhado.

Se esta nova alternativa de treinamento e meditação do AIKIDO fez algum sentido para você, sinta-se a vontade para nos contatar e fazer parte de nossa rede de amigos e praticantes.

www.aikidoimoto.org